JN098510

世界は不思議に満ちている。世界は驚《おどろ》きに満ちている。世界を知ることはリアルを知ることであり、世界の本当の姿《すがた》を見つけることでもある。さぁ、未知の扉《とびら》をあけてみよう。

世界は不思議に満ちている。世界は驚《おどろ》きに満ちている。世界を知ることはリアルを知ることであり、世界の本当の姿《すがた》を見つけることでもある。さぁ、未知の扉《とびら》をあけてみよう。

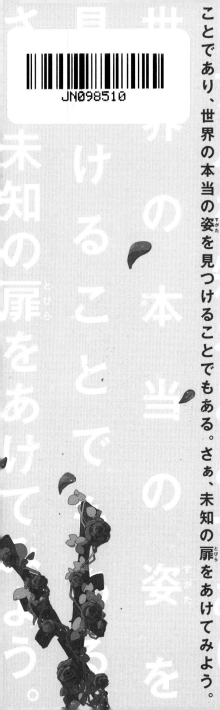

5分後に世界のリアル
教科書では教えてくれない世界の闇《やみ》
藤田 晋一・文

教科書では教えてくれない世界の闇《やみ》　もくじ

世界の詐欺事件《さぎじけん》

国際詐欺《こくさいさぎ》グループの闇《やみ》

詐欺《さぎ》についての話をしよう。

みなさんは「詐欺《さぎ》」と聞いて、どういう行為《こうい》を思いうかべるだろうか。詐欺《さぎ》とは、他人をあざむいて、不法に利益《りえき》を得《え》る行為《こうい》のことだ。電話をかけてたくみにお金をだまし取る「オレオレ詐欺《さぎ》」などは、ニュースでよく耳にするのではないだろうか。

日本の刑法上《けいほうじょう》での詐欺《さぎ》とは、人をあざむく意思を持ったうえでの行為《こうい》によって、相手が錯誤《さくご》におちいり、財産《ざいさん》などの引きわたしがなされることをさす。あざむく意思があったかどうかが重要で、それが証明《しょうめい》できなければ、詐欺罪《さぎざい》として処罰《しょばつ》することができない。

日本では、二〇〇〇年代になってから、オレオレ詐欺《さぎ》、架空請求詐欺《かくうせいきゅうさぎ》などの特殊詐《とくしゅさ》

特殊詐欺《とくしゅさぎ》は、たくみな言葉で被害者《ひがいしゃ》をあやつり、ATMからお金を送金させるなどの手口《てぐち》が使われている。

欺《ぎ》事件《じけん》が多発して深刻化《しんこくか》している。特《とく》殊詐欺《しゅさぎ》とは、犯人《はんにん》が電話や郵便《ゆうびん》などを介《かい》して親族や公共機関の職員《しょくいん》などをかたって被害者《ひがいしゃ》を信じこませ、現金《げんきん》やキャッシュカードなどをだまし取ったり、ATMで犯人《はんにん》の口座《こうざ》に送金させたりする犯罪《はんざい》のことだ。二〇二三年の被《ひ》害額《がいがく》は約四百四十一億円だという。

国内のほかの事例としては、結婚《けっこん》すると見せかけて、さまざまな名目《めいもく》でお金をだまし取る結婚詐欺《けっこんさぎ》、返す意思がないのに借金をして財産《ざいさん》などをだまし取る借用詐欺《さぎ》、他人名義《めいぎ》のクレジットカードの不正使用、交通事故《じこ》をよそおった保険金詐欺《ほけんきんさぎ》、株式《かぶしき》の投資話《とうしばなし》を持ちかけるなどしてお金をだまし取る投資《とうし》運用詐欺《さぎ》などがある。ほかに無銭《むせん》飲食も詐欺《さぎ》にあたる。支払《しはら》う意思がなく飲食する場合などだ。

さて、世界ではどんな詐欺被害《さぎひがい》が起きているのか。以前から使われている詐欺《さぎ》の手口《てぐち》をいくつか紹介《しょうかい》しよう。

有名なのは、マネーロンダリング型《がた》の詐欺《さぎ》だ。海外の政府《せいふ》関係者や軍の高官、あるいはその親戚《しんせき》を名乗り、秘密《ひみつ》の資金《しきん》を送金するために銀行口座《こうざ》を貸《か》してくれれば謝礼《しゃれい》をわたすと持ちかけ、お金をだまし取ろうとするものだ。一九八〇年代、アフリカ西部のナイジェリアを舞台《ぶたい》に発生してから世界的に広がった手口《てぐち》だ。

これと似《に》たものとしては、遺産相続型《いさんそうぞくがた》の詐欺《さぎ》がある。海外の見知らぬ人物から、死《し》亡《ぼう》した親族などが残した多額《たがく》の遺産《いさん》の相続などの話を持ちかけられ、送金にかかる各種手数料や税金《ぜいきん》の納付《のうふ》といった名目《めいもく》で前渡《まえわた》し金《きん》をだまし取るというものだ。

それ以外に、架空《かくう》の商談を持ちこんで、お金や商品を搾取《さくしゅ》する架空貿易取引型《かくうぼうえきとりひきがた》の詐《さ》欺《ぎ》や、架空投資《かくうとうし》の取り引きを持ちかけ、出資金《しゅっしきん》をだまし取る投資型《とうしがた》の詐欺《さぎ》も確認《かくにん》されている。

二〇二三年十二月、Ｇ７《ジーセブン》（主要七か国）の内務《ないむ》・安全担当《たんとう》大臣会合で、国際的《こくさいてき》な詐《さ》欺《ぎ》グループへの対応《たいおう》などが協議された。そこで各国の詐欺被害《さぎひがい》が報告《ほうこく》されている。

アメリカでは、近年、「コールセンター詐欺《さぎ》」の被害《ひがい》が目立っているという。企業《きぎょう》の技術《ぎじゅつ》サポートや、政府《せいふ》当局をよそおって電話をかけ、海外口座《こうざ》に送金させるといった手口《てぐち》が使われている。被害者《ひがいしゃ》は高齢者《こうれいしゃ》が多いという。二〇二二年の被害額《ひがいがく》は約十億四千七百万ドル。一ドル百五十円で換算《かんさん》すると、約千五百七十億円にのぼる。詐欺《さぎ》グループは、インドなどの南アジアを拠点《きょてん》としていると見られている。

イギリスや日本などでは、ＳＮＳで知り合った異性《いせい》に恋愛感情《れんあいかんじょう》をいだかせ、さまざまな名目《めいもく》で金銭《きんせん》をだまし取る「国際《こくさい》ロマンス詐欺《さぎ》」の被害《ひがい》が確認《かくにん》されている。日本ではインターネットの出会《であ》い系《けい》サイトなども使われていて、資産《しさん》や家財《かざい》の送金費用《ひよう》、本人・家族の生活費《せいかつひ》や渡航費《とこうひ》などの名目《めいもく》でお金をだまし取る手口《てぐち》が確認《かくにん》されている。

ドイツでは、国外からの電話で高齢者《こうれいしゃ》をねらった架空請求《かくうせいきゅう》の詐欺《さぎ》が確認《かくにん》されている。電話の発信元はトルコであることが判明《はんめい》している。また、イタリアでは日本で起きている還付金詐欺《かんぷきんさぎ》に似《に》た手口《てぐち》の詐欺被害《さぎひがい》が出ているという。

最後に、アメリカで起きた史上《しじょう》最大の巨額詐欺《きょがくさぎ》事件《じけん》を紹介《しょうかい》しよう。

事件《じけん》の首謀者《しゅぼうしゃ》は、一九三八年、ニューヨーク生まれのバーナード・マドフ。一九六〇年、大学を卒業したバーナード・マドフは証券投資《しょうけんとうし》会社を設立《せつりつ》する。金融《きんゆう》の中心地として知られるウォール街におけるマドフの仕事ぶりは、投資家《とうしか》たちのあいだで評判《ひょうばん》だった。マドフは、高利回りの投資《とうし》商品を提供《ていきょう》する投資《とうし》ファンドを運営《うんえい》しはじめる。高いリターン（利益《りえき》）をうたうこのファンドは、多くの富裕層《ふゆうそう》からの信頼《しんらい》を得《え》はじめていた。

ところが、一九九〇年代から、マドフは集まった投資資金《とうししきん》を自分の豪華《ごうか》な生活のために使い、不足分の資金《しきん》は新たな顧客《こきゃく》からの入金でまかなうようになっていく。集まってくる新しい顧客《こきゃく》の投資資金《とうししきん》を、既存《きそん》の投資家《とうしか》への配当にまわして利益《りえき》が出てい

ニューヨーク（アメリカ）のウォール街。アメリカの国旗である星条旗《せいじょうき》をかかげた中央の建物がニューヨーク証券取引所《しょうけんとりひきじょ》。

るかのように見せかけていたのだ。

二〇〇八年、アメリカの住宅市場《じゅうたくしじょう》の悪化によって引きおこされた世界金融《きんゆう》危機《きき》の影響《えいきょう》で、金融《きんゆう》機関や多くの投資《とうし》家《か》たちがマドフの投資《とうし》ファンドを解約《かいやく》しはじめた。すると、多額《たがく》の払《はら》い戻《もど》しを求められたマドフは、現金《げんきん》の確保《かくほ》ができずについに破綻《はたん》してしまう。かくしつづけていた不正が発覚し、その年の十二月に逮捕《たいほ》された。

調査《ちょうさ》によると、マドフの投資《とうし》ファンドに投資《とうし》した人の数は延《の》べ約四万人にものぼる。慈善団体《じぜんだんたい》や年金基金《ききん》、ヘッジファンドのほか、俳優《はいゆう》や野球選手、映画監督《えいがかんとく》といった著名人《ちょめいじん》もいた。詐欺被害《さぎひがい》は推定《すいてい》六百四十八億ドル。日本円で九兆七千二百億円にもなる。国家予算レベルの巨額詐欺事件《きょがくさぎじけん》だった。

マドフは禁錮《きんこ》百五十年の刑《けい》を言いわたされた。史上《しじょう》最大の被害《ひがい》をもたらしたことにくわえ、投資《とうし》業界全体の信頼《しんらい》を大きくゆるがす大事件《だいじけん》となった。

世界の海のプラスチック汚染《おせん》

プラスチックごみの流出がとまらない！

植物は、光合成をすることでみずから栄養をつくって生きている。しかし、人をふくめた多くの動物たちは、ほかの動植物を食べて生きている。

人は、食べることを除《のぞ》いて、大量の動植物を殺《ころ》してしまってもゆるされるだろうか。ここでは、わたしたちがふだん便利に使っているプラスチック製品《せいひん》によって、海の生き物たちを殺《ころ》してしまっているという現実《げんじつ》を考えてみたい。

わたしたちにとって、もはやプラスチックのない生活はありえない。レジ袋《ぶくろ》、容器《ようき》包装《ほうそう》、ペットボトル、ハンガー、ボールペン、定規《じょうぎ》、ラップフィルム、スポンジ、ストロー、歯ブラシなど、生活のありとあらゆるところにプラスチック製品《せいひん》は浸透《しんとう》して

廃棄《はいき》されたプラスチック容器《ようき》。

いる。

プラスチック製品《せいひん》のほとんどは、使用後にごみとして廃棄《はいき》されたり、投げすてられたりするが、適切《てきせつ》に処理《しょり》されなかったプラスチックごみは最終的に海洋へ流出してしまっている。海洋ごみの七割《わり》から八割《わり》は、街で発生したプラスチックごみなどだといわれている。そして、ひとたび海洋へ流れだしてしまったプラスチックごみは、回収《かいしゅう》することがきわめてむずかしい。

プラスチックの歴史《れきし》は、じつはそれほど長くない。大量生産がはじまって、広く普及《ふきゅう》するようになったのは一九五〇年代以降《いこう》のこと。プラスチックは石油を原料にした合成樹脂《じゅし》で、どんな形にも加工できるし、軽くてじょうぶだ。透明性《とうめいせい》もあって着色が容易《ようい》なうえに、絶縁性《ぜつえんせい》や断熱性《だんねつせい》にもすぐれている。木材のように腐《くさ》ることもなく、鉄のようにさびることもないため、非常《ひじょう》に長持ちする。

プラスチックの生産量は増加《ぞうか》をつづけ、それとともに、海洋のプラスチックごみもどんどん増加《ぞうか》しつづけている。二〇一五年の推計《すいけい》で、世界の海洋に存在《そんざい》しているプラスチックごみは、一億五千万トンとされていて、さらに毎年、年間八百万トン以上が増加《ぞうか》している。このまま有効《ゆうこう》な対策《たいさく》を取らなければ、二〇五〇年までに、海洋中のプラスチックの重量が、魚の重量を超《こ》えてしまうという驚《おどろ》くべき予測《よそく》さえある。

プラスチックは、人為的《じんいてき》に焼却《しょうきゃく》しなければ、いつまでも残りつづける。自然環境《かんきょう》のなかで完全に分解《ぶんかい》するには、数百年から千年以上かかるとされている。そのため、いったん海洋に流出してしまった大量のプラスチックごみは、数百年以上にわたって、海洋環境《かんきょう》に影響《えいきょう》をあたえつづけるといわれている。

ビニールが体に巻《ま》きついたウミガメ。

実際《じっさい》、もうすでに海の生物たちに甚大《じんだい》な影響《えいきょう》をおよぼしているのだ。

たとえば、アホウドリのような海鳥が、海面にういているプラスチックごみをえさとまちがえて食べるケースが多く見受けられる。プラスチックで胃《い》がいっぱいになり、えさが食べられなくなって餓死《がし》してしまうこともある。死亡《しぼう》した海鳥の体内からは、ビニール袋《ぶくろ》の切《き》れ端《はし》やペットボトルのふたの破片《はへん》などがいくつも見つかるという。

親鳥がプラスチックごみをひなにあたえてしまうケースもある。ひなもプラスチックごみでおなかがいっぱいになり、栄養失調で死んでしまう。

ウミガメも、大量のプラスチックごみの被害《ひがい》を

豪快《ごうかい》にジャンプするザトウクジラ。クジラもプラスチックの被害《ひがい》を受ける。

受けている。すてられたプラスチック製《せい》の漁網《ぎょもう》やロープにからまって、死亡《しぼう》するウミガメが後を絶《た》たない。ウミガメは肺呼吸《はいこきゅう》をしているので、海面に上がらないと呼吸《こきゅう》ができない。そのため、海底でからまってしまうと、そのまま窒息《ちっそく》してしまう。
また、漁網《ぎょもう》やロープが体に巻《ま》きついてうまく泳げなくなり、えさをとることができずに餓死《がし》してしまうこともある。プラスチックごみにからまったまま、ごみといっしょに海岸に漂着《ひょうちゃく》してしまうこともある。ほかには、海中にただようビニール袋《ぶくろ》をクラゲとまちがえて飲みこんでしまうケースもある。海岸でウミガメの子どもの死体を解剖《かいぼう》したところ、体内から百個《こ》以上のプラスチック片《へん》が見つかった事例もあるそうだ。

クジラやイルカも、あやまってプラスチックごみを飲みこんでしまうケースがある。飲みこんだプラスチックが内臓《ないぞう》を傷《きず》つけてしまい、死にいたることもある。海岸に打ち上げられたクジラの体内から、プラスチック製《せい》のコップが百十五個《こ》、ペットボトルが四本、サンダル二足をふくむプラスチックごみが発見されたというケースもあれば、八十枚《まい》以上のビニール袋《ぶくろ》が見つかったケースもある。わたしたちがだしたプラスチックごみによって、多くの海洋生物が死に追いやられているともいわれる。

プラスチックごみで被害《ひがい》を受けるのは、大きな生物ばかりではない。プラスチックは、風や波、紫外線《しがいせん》などによってくだかれ、しだいに小さな破片《はへん》になっていく。五ミリ以下のプラスチック片《へん》や粒《つぶ》のことをマイクロプラスチックという。どれだけ小さくなっても完全に分解《ぶんかい》されることはなく、何百年も小さい破片《はへん》のまま残りつづけるのだ。

マイクロプラスチックは、海面近くをただよい、海流で運ばれて世界中の海を漂流《ひょうりゅう》する。海中をただよったマイクロプラスチックが海底に堆積《たいせき》されていくこともある。

また、海面にうかぶマイクロプラスチックが風によって巻《ま》きあげられて大気中を浮遊《ふゆう》し、雨といっしょにふりそそぐこともある。

マイクロプラスチックは、ＰＣＢ（ポリ塩化ビフェニル）、ダイオキシンなど、海中にある有害化学物質《ぶっしつ》を付着しやすいことがわかっている。有害化学物質《ぶっしつ》が付着したマイクロプラスチックは、海洋をただよいながら広い海を汚染《おせん》していく。

マイクロプラスチックを摂取《せっしゅ》したプランクトンを小魚が食べ、その小魚を中型《ちゅうがた》の魚が食べ、さらにその中型《ちゅうがた》の魚を大型《おおがた》の魚が食べるという食物連鎖《れんさ》を通じて、有害化学物質《ぶっしつ》が海の生き物たちの体内に蓄積《ちくせき》されていく。めぐりめぐって、有害人間にもそういった海の生き物を通して、有害

マイクロプラスチック。小さくても分解《ぶんかい》するまで数百年から1000年以上かかる。

化学物質《ぶっしつ》が体内に蓄積《ちくせき》される可能性《かのうせい》もあるという。がんの発生や免疫力低下《めんえきりょく》などの健康被害《ひがい》を引きおこす可能性《かのうせい》が指摘《してき》されている。

日本は、「プラスチックごみ大国」といわれている。わたしたちがだしている大量のプラスチックごみを自国内で処理《しょり》しきれず、東南アジアなどの国々《くにぐに》に輸出《ゆしゅつ》しつづけているのだ。受け入れ先の国々《くにぐに》では、深刻《しんこく》な環境汚染《かんきょうおせん》と、現地《げんち》の人々《ひとびと》の健康被害《ひがい》を引きおこしているという。

世界各国で脱《だつ》プラスチックの動きが出はじめている。高い意識《いしき》を持って、プラスチック製品《せいひん》の使用を規制《きせい》する国もある。日本でも、二〇二二年からプラスチック資源《しげん》循環《じゅんかん》の新法が施行《しこう》されている。だが、日本は、依然《いぜん》としてプラスチックごみを出しつづけていて、待ったなしの状況《じょうきょう》は変わっていない。

わたしたちは、今もプラスチック製品《せいひん》を購入《こうにゅう》しては、使用後、すぐにすてる生活をつづけている。そして、自分たちの知らないところで、今も多くの生き物の命がうばわれている。

未来は食べ物が不足するの？

日本では、今、食品ロスが大きな問題になっている。食品ロスとは、本来食べることができたはずの食品がすてられてしまうことをいう。おもな理由は、売れ残り、食べ残し、消費期限《しょうひきげん》・賞味期限切《しょうみきげんぎ》れなどだ。

農林水産省および環境省《かんきょうしょう》による二〇二一年度の推計《すいけい》では、日本の年間の食品ロスは約五百二十三万トン。東京ドーム四・二杯分《はいぶん》の食料が廃棄《はいき》されたことになる。一方で、日本の食料自給率《じきゅうりつ》は三八パーセントで、残りの六二パーセントは輸入《ゆにゅう》にたよっている。わざわざ外国から大量に食料を輸入《ゆにゅう》しておきながら、すてべを食べずに大量にすてるということをくりかえしているのだ。

食べずにすてられる食品ロスが世界の食料問題につながっている。

では、世界における食品ロスは、どれくらいになるのだろうか。国連食糧農業機関《しょくりょうのうぎょうきかん》（FAO）の報告書《ほうこくしょ》によれば、二〇一七年度の推定値《すいていち》で、年間十三億トンという、とてつもない量の食料が廃棄《はいき》されている。

それにもかかわらず、世界には、食料不足で飢《き》餓《が》に直面している人たちがたくさんいる。飢餓《きが》とは、長期にわたって十分に食べられず、栄養不足で命が危《あや》うくなっていたり、生活が困難《こんなん》になっていたりする状態《じょうたい》をいう。国連機関の二〇二三年の報告書《ほうこくしょ》によれば、世界の飢餓《きが》人口は、六億九千百万人から七億八千三百万人と推定《すいてい》されている。仮《かり》に中間の人数として七億三千五百万人とすると、

わずかな食事を分けあうアフリカの子どもたち。

日本の人口の約六倍になる。

飢餓《きが》人口を地域別《ちいきべつ》で見てみると、アジア地域《ちいき》で四億二百万人、アフリカ地域《ちいき》で二億八千二百万人、ラテンアメリカ・カリブ地域《ちいき》で四千三百万人。人口割合《わりあい》でいうと、アフリカ地域《ちいき》がもっとも高く、五人に一人が飢餓《きが》に直面していることになる。

ところが、この飢餓《きが》の原因《げんいん》は、世界に食料が不足しているからというものではない。世界でつくられている穀物《こくもつ》や野菜を、八十億を超《こ》える世界の人々《ひとびと》に平等に分配できれば、一人残らず、みんなが十分食べていけるというのだ。

みんなで協力しあえば、みんなが助かるはずなのに、なぜ、飢餓《きが》が解消《かいしょう》できないのだろうか。こ

干《かん》ばつの影響《えいきょう》で荒《あ》れはてたトウモロコシ畑。

こで、ひとつずつ考えてみたい。
まず、飢餓《きが》の直接的《ちょくせつてき》な要因《よういん》のひとつに飢饉《ききん》がある。飢饉《ききん》は、干《かん》ばつや洪水《こうずい》などの自然現象《げんしょう》によって農作物が十分に生産できず、食べ物が不足することで引きおこされる。また、紛争《ふんそう》などの人為的《じんいてき》なことによって引きおこされる場合もある。いずれも突発的《とっぱつてき》な原因《げんいん》によって引きおこされる飢餓状態《きがじょうたい》だが、食料を生産できなくなれば、多くの人が栄養不足におちいり、餓死《がし》してしまう。そのため、食料が不足する状況《じょうきょう》が緩和《かんわ》されるまで、緊急《きんきゅう》の支援《しえん》が必要になる。

一方で、慢性的《まんせいてき》な貧困《ひんこん》によっておちいっている場合もある。農業の生産性《せいさんせい》が低いという理由や、作物などを安く買い取られる、賃金《ちんぎん》が安いなどといった不公正な貿易《ぼうえき》にまつわる理由で、貧困《ひんこん》から抜《ぬ》けだせずに飢餓状態《きがじょうたい》になっている場合である。

慢性的《まんせいてき》な貧困《ひんこん》の場合では、直接《ちょくせつ》の死因《しいん》が餓死《がし》ではなく、栄養不足による病死が多いことから、緊急性《きんきゅうせい》にとぼしいと見られ、国際的《こくさいてき》な問題としては解決《かいけつ》が後回しにされがちになっているという。いつまでも問題を解消《かいしょう》できずにいるため、多くの人々《ひとびと》が栄養不足の状態《じょうたい》のまま、死ととなりあわせの状況《じょうきょう》で生きつづけている。物質的《ぶっしつてき》な支援《しえん》はもちろん必要だが、根本的な問題を解決《かいけつ》するような支援《しえん》でなければならない。将来《しょうらい》にわたって、自分たちで食料を手に入れられるようにすること、すなわち自立できるように支援《しえん》していくことが重要だという。

飢餓《きが》の原因《げんいん》が農業の生産性《せいさんせい》の低さである場合は、技術的《ぎじゅつてき》な問題や教育の問題を解決《かいけつ》すればよいかもしれない。その問題を解決《かいけつ》にみちびくヒントとして、ブルキナファソの村における日本のＮＧＯ（非政府組織《ひせいふそしき》）による支援《しえん》があげられる。物質《ぶっしつ》をあたえるだけでなく、時間をかけて住民と話しあいながら、住民が主体となり、自立して取り組めるように技術《ぎじゅつ》を伝えていけば、持続的な改善《かいぜん》が進められるだろう。しかし、その国の政治《せいじ》がうまく機能《きのう》していなかったり、政情《せいじょう》不安があったりすると、飢餓《きが》を解決《かいけつ》することは非常《ひじょう》に困難《こんなん》になってしまう。

つぎに飢餓《きが》の原因《げんいん》が不公正な貿易《ぼうえき》である場合は、どうすればよいだろうか。問題の背景《はいけい》にあるのは、流通の複雑《ふくざつ》さと圧倒的《あっとうてき》な力の差だ。農作物が生産されてから人々《ひとびと》の手元にとどくまでには、加工、運搬《うんぱん》、販売《はんばい》などのたくさんの工程《こうてい》をへている。資金《しきん》を持った立場の強い者が、まずしい農家などの生産者から非常《ひじょう》に安い値段《ねだん》で農作物を買い取ったり、労働者を安い賃金《ちんぎん》でやといつづけたりすると、立場の弱い者たちは慢性《まんせい》的《てき》な飢餓状態《きがじょうたい》におちいり、そこから抜《ぬ》けだすことができない。

近年、日本でもフェアトレード商品をよく見かけるようになった。「フェアトレード」とは、公平・公正な貿易《ぼうえき》という意味。つまり、開発途上国《かいはつとじょうこく》の原料や製品《せいひん》を適正《てきせい》な価格《かかく》で継続的《けいぞくてき》に取り引きすることによって、立場の弱い生産者や労働者の生活改善《かいぜん》と

フェアトレードの代表的な商品には、コーヒー豆やバナナなどがある。

自立をめざす仕組みをつくろうとするものだ。わたしたちが安価《あんか》な商品を購入《こうにゅう》しようとするとき、それが不公平な貿易《ぼうえき》の仕組みによるものかどうか、ふだんから確認《かくにん》する必要があるかもしれない。生産者や労働者の命を軽んじる取り引きをゆるしてはいけない。わたしたち一人ひとりがそういう意《い》識《しき》を持ちつづけることが、飢餓《きが》問題の解決《かいけつ》につながっていくのだろう。

飢餓《きが》問題の解決《かいけつ》をむずかしくしている原《げん》因《いん》はほかにもある。世界では、気候変動の原因《げんいん》になっているといわれる石油や石炭などの化石燃料《かせきねんりょう》を使わず、バイオ燃料《ねんりょう》を使おうという動きがある。バイオ燃料《ねんりょう》とは、トウモロコシなどの植物からつくられる燃料《ねんりょう》のことだ。このバイオ燃料《ねんりょう》をつくる際《さい》にトウモロコシなどを利用するために、人間の食料や家畜《かちく》の飼料《しりょう》がへってしまっているのだ。

そもそも気候変動の責任《せきにん》はだれにあるのか。責任《せきにん》が問われるべきなのは、飢餓《きが》に直面している人たちではなく、ゆたかな生活を送っている人たちの側にあることはまちがいない。食品ロスの問題、不公平な貿易《ぼうえき》の問題などに対して目をそむけつづけることは、今、この瞬間《しゅんかん》にも食べ物がたりずに死んでいく人のそばを平気で通りすぎようとしていることと同じなのかもしれない。

世界の貧困《ひんこん》問題

途上国《とじょうこく》や都市部で拡大《かくだい》するスラム

先進国とよばれるのは、いわば高度な工業化や経済発展《けいざいはってん》をなしとげた国のことだ。たとえば、「G7《ジーセブン》サミット（主要国首脳《しゅのう》会議）」に参加している国は、先進国の代表といっていいかもしれない。すなわち、フランス、アメリカ、イギリス、ドイツ、日本、イタリア、カナダの七か国だ。

一方、先進国にくらべて経済発展《けいざいはってん》が遅《おく》れ、工業力が低い国のことを、開発途上国《かいはつとじょうこく》あるいは発展途上国《はってんとじょうこく》とよぶ。「開発途上国《かいはつとじょうこく》は貧《まず》しい国だ」というイメージを持つ人もいるだろう。「貧《まず》しい」という言葉の意味が経済的《けいざいてき》なことをさすなら、そのイメージはほぼあっているといっていい。

開発途上国《かいはつとじょうこく》かどうかを判断《はんだん》するには、経済開発協力機構《けいざいかいはつきょうりょくきこう》（ＯＥＣＤ）が作成している「ＯＤＡ（政府開発援助《せいふかいはつえんじょ》）受け取り国リスト」がひとつの基準《きじゅん》になる。このリストに掲載《けいさい》されている国々《くにぐに》は、ＯＥＣＤ加盟国《かめいこく》から開発のための援助《えんじょ》を受けているからだ。

世界の国の数は、日本政府《せいふ》が承認《しょうにん》している国が百九十五か国あり、日本をくわえると百九十六か国になる。そのうち、開発途上国《かいはつとじょうこく》は百四十か国以上あって、世界の七割《わり》以上の国が開発途上国《かいはつとじょうこく》なのだ。これは、わずかな先進国の人たちが世界の経済《けいざい》活動を独占《どくせん》している状況《じょうきょう》だといえなくもない。

開発途上国《かいはつとじょうこく》のなかでも、とくに経済発展《けいざいはってん》が遅《おく》れている国は「後発開発途上国《かいはつとじょうこく》」とよばれている。二〇二三年四月の時点で、四十六か国が国連総会《そうかい》で認定《にんてい》された。アフリカでは三十三か国あり、サハラ砂漠《さばく》以南の国が多い。アジアではミャンマー、ネパールなど、九か国ある。世界人口の一四パーセントにあたる十一億人が、後発開発途上《かいはつとじょう》国《こく》でくらしているという。また、これらの国に住む人々《ひとびと》の多くは貧困《ひんこん》に苦しんでいる。

貧困《ひんこん》の理由はさまざまだ。おもなものでは、紛争《ふんそう》や災害《さいがい》などで収入《しゅうにゅう》がなくなること、

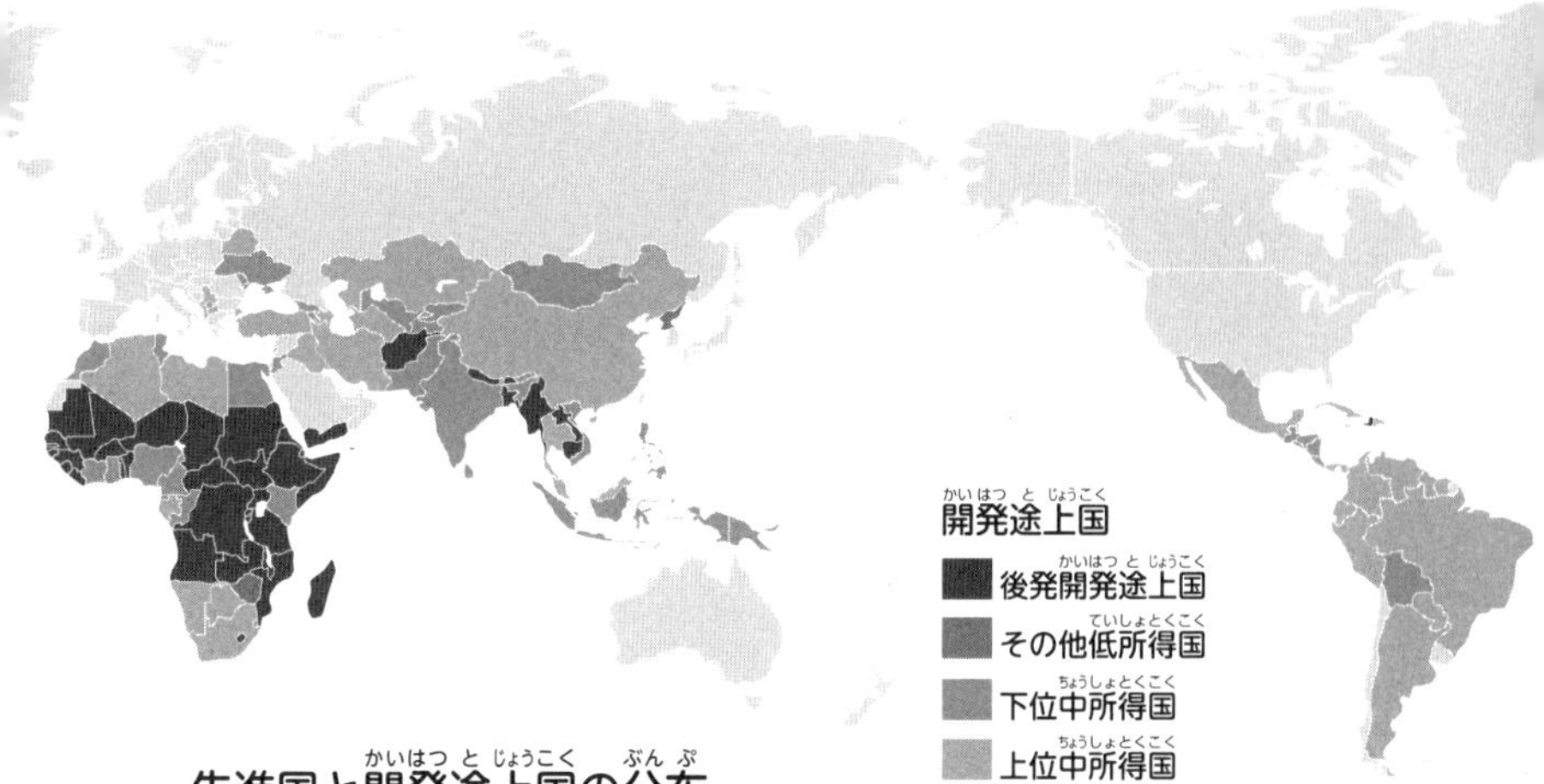

先進国と開発《かいはつ》途《と》上国《じょうこく》の分布《ぶんぷ》

OECDによる分類

教育を受けられなかったために安い賃《ちん》金《ぎん》の仕事しか選べないこと、農地や家《か》畜《ちく》を持っていないことなどがあげられる。問題なのは、自分の力で貧困《ひんこん》から抜《ぬ》けだす機会がほとんどあたえられていないことだ。

後発開発《かいはつ》途《と》上国《じょうこく》では、多くの人が生活していくための食料や、安全な水、住む家がない。経済的《けいざいてき》に苦しくて、病気にかかっても病院で診察《しんさつ》が受けられない人もいれば、家の仕事を手伝うために学校に通えない子どももいる。教育を受けないと、将来《しょうらい》、条件《じょうけん》の悪い仕事しか選べず、悪循環《あくじゅんかん》がくりかえされることになる。

また、貧困《ひんこん》は、子どもの命をうばうこともわかっている。国連機関による報告《ほうこく》では、二〇二一年、五歳《さい》未満の子どもの死亡者数《しぼうしゃすう》は世界で五百万人いる。死産は百九十万人だ。この死産の多くは、質《しつ》の高い健康管理がなされていればふせげたはずだといわれている。

ひどく不公平なことだが、子どもたちは、どこの国に生まれたかによって、生存《せいぞん》の可能性《かのうせい》に大きなちがいがあるのだ。生存《せいぞん》する可能性《かのうせい》がもっとも低い地域《ちいき》は、アフリカのサハラ砂漠《さばく》以南の地域《ちいき》と、南アジアだといわれている。

また、国連機関の報告《ほうこく》によれば、二〇二一年のサハラ砂漠《さばく》以南での出生数は、世界の出生数の二九パーセントを占《し》めている。そして、五歳《さい》未満の子どもの死亡者数《しぼうしゃすう》は、世界全体の五六パーセントを占《し》め、南アジアは二六パーセントを占《し》めている。アフリカのサハラ砂漠《さばく》以南で生まれた子どもたちの死亡《しぼう》リスク（危険性《きけんせい》）は、ヨーロッパや北米の子どもの十五倍にものぼるという。二〇二一年に世界で発生した死産のうち、半分はサハラ砂漠《さばく》以南で発生していて、死産するリスクが、欧米《おうべい》にくらべて七倍も高くなっている。サハラ砂漠《さばく》以南と南アジアの死産を合計すると、全世界の死産数の七七パーセントにものぼるという。

貧困《ひんこん》といっても、同じ国にいながら、なんらかの特別な理由で貧困《ひんこん》になってしまう人たちがいる。その理由とは、肌《はだ》の色、宗教《しゅうきょう》、性別《せいべつ》、身分などによる差別や偏見《へんけん》だ。多くの国では、そういった差別は法律《ほうりつ》で禁止《きんし》されているが、地域《ちいき》によっては、いまだに差別や偏見《へんけん》は消えていない。

たとえば、世界でもっとも人口の多いインドでは、四つの階層《かいそう》から構成《こうせい》されるカーストという身分制度《せいど》が根強く残っている。都市部での差別は少ないともいわれるが、最下層《さいかそう》とみなされている人たちは、低い賃金《ちんぎん》での労働や、高い利子で借金を背負《せお》っての労働を強制《きょうせい》させせられることがある。教育を受ける機会も制限《せいげん》されていて職業《しょくぎょう》を選べないため、貧困《ひんこん》から抜《ぬ》けだせない人たちが少なくないようだ。

また、世界の都市には、「スラム」とよばれる貧困者《ひんこんしゃ》が多く住む地域《ちいき》がある。そこ

インドの大都市、ムンバイのスラム。スラムの住人は極度の貧困《ひんこん》におちいっていて、不衛生《ふえいせい》な環境《かんきょう》にある。

では、衛生的《えいせいてき》な水道施設《しせつ》やトイレが整備《せいび》されていなかったり、せまい部屋にたくさんの人が住んでいたり、住居《じゅうきょ》がバラックなどの耐久性《たいきゅうせい》の低いものだったりする。教育や医療《いりょう》など、生活に必要なサービスを十分に受けられないことも多い。大雨や洪水《こうずい》などの自然災害《さいがい》が起きたときは全壊《ぜんかい》することもある。治療費《ちりょうひ》が支払《しはら》えないため、病院での医療《いりょう》が受けられないこともある。そして、警察《けいさつ》の目がとどきにくく、犯罪《はんざい》が多発するために治安《ちあん》が悪い傾向《けいこう》にある。

スラムは、開発途上国《かいはつとじょうこく》にも先進国にもある。アフリカのケニアには、キベラスラムとよばれるアフリカ最大のスラムがある。そこに住む人の数は百万人ともいわれ、半数は子どもだという。多くの人たちは貧困《ひんこん》によって十分な医療《いりょう》が受けられずにいて、子どもの多くは教育も受けていない。

先進国であるスペインには、カニャダ・レアルというヨーロッパ最大級のスラムがあり、アメリカのデトロイトやニューヨークなどにもスラムがある。いずれのスラムも治安《ちあん》はかなり悪いようだ。

犬と目があうと法律《ほうりつ》違反《いはん》？

人はなぜ動物を愛するのだろう。

その問いにこたえることは容易《ようい》ではないが、動物を愛する心は、世界共通であると思われる。だが、その愛情表現《あいじょうひょうげん》のしかたは、国によって大きくちがうようだ。そのちがいは、人と動物のかかわり方を決める各国の法律《ほうりつ》にもよくあらわれている。世界のびっくりするような法律《ほうりつ》を集めてみた。

最初に紹介《しょうかい》するのは、アメリカのミシガン州の法律《ほうりつ》だ。ミシガン州は、「北米の地中海」ともよばれる五大湖のうちの四つにかこまれている。もっとも大きいスペリオル湖は世界最大の湖で、北海道《ほっかいどう》よりも広い面積を持っている。自然ゆたかな五大湖には、三千五百種にものぼる生物が生息しているという。そんなミシガン州ならではの

こんなところには消火栓《しょうかせん》なんてなさそうだ。

法律《ほうりつ》だ。

「消火栓《しょうかせん》にワニをつないではいけない」

日本では、想像《そうぞう》もできないシチュエーションだ。

まず前提《ぜんてい》となるのは、ミシガン州には、ワニをペットにしている人がいるということ。その人は、ワニにチェーンをつけて散歩につれだすことがあるのだろう。そして、散歩の途中《とちゅう》、友人の家でお茶をごちそうになったり、店で食品を買ったりするときには、ワニをどこかにつないでおかなければならない。そんなとき、がんじょうな消火栓《しょうかせん》につないでおけば、しばらく安心してその場をはなれられるのだ。

ところが、消火栓《しょうかせん》の近くで火災《かさい》が発生したら、いったいどうなるのだろうか。消防《しょうぼう》隊員がかけつけても、ワニがいては、かみつかれるおそれがあって、消火栓《しょうかせん》には近づけない。この法律《ほうりつ》がつくられた理由は、きっとそういうことではないだろうか。

つぎはイギリスの法律《ほうりつ》を紹介《しょうかい》しよう。

「郵便《ゆうびん》局員は犬と目をあわせてはいけない」

そこまで郵便《ゆうびん》局員の行動を規制《きせい》する必要があるのだろうか。たしかに、人と目があうと、はげしくほえたり、攻撃的《こうげきてき》になったりする犬がいる。トラブルを回避《かいひ》するための法律《ほうりつ》だろうが、じつは、この法律《ほうりつ》をつくるきっかけになったできごとがある。

ある日、郵便《ゆうびん》局員が、配達先の家で飼《か》われているヨークシャーテリアにかまれてしまった。郵便《ゆうびん》局員は、驚《おどろ》いた拍子《ひょうし》に、その犬をけりあげてしまう。犬を殺《あや》める意図はなかったものの、残念ながら犬は死んでしまったという。

ただただ悲しい事件《じけん》だった。人が犬と目さえあわせなければ、犬が人をかむことは

こんなかわいいワンちゃんでも、郵便《ゆうびん》局員にかみつくことがあるのかも。

なかったし、人も犬をけりあげることはなかったかもしれない。かといって、犬に「人と目をあわせるな」と言っても、それは無理な話だ。郵便《ゆうびん》局員のほうに注意してもらうしかない。そこで、この法律《ほうりつ》ができたようだ。郵便《ゆうびん》局員の行動をしばるようにも感じるが、じつは人と犬の両方を守るためにつくられた法律《ほうりつ》なのだ。

つぎは、イタリアの話をしよう。イタリアは、世界でもかなり厳《きび》しい動物保護法《ほごほう》が制定《せいてい》されている国だ。二〇一七年には、ロブスター料理を提供《ていきょう》するレストランのオーナーに、法律違反《ほうりついはん》があったとして、最高裁判所《さいこうさいばんしょ》が二千ユーロの罰金《ばっきん》などの支払《しはら》いを命じている。一ユーロを百六十円で換算《かんさん》すると三十二万円にもなる。判決《はんけつ》の理由はこうだ。

おいしそうなロブスター。ロブスターを食べるために殺《ころ》すことは違法《いほう》ではない。しかし、生きているあいだのあつかいには注意が必要だ。

「調理前のロブスターの氷づけは、ロブスターを不当に苦しめることになる」

裁判所《さいばんしょ》によれば、ロブスターを生きたまま調理することに問題はないが、その前に冷蔵保存《れいぞうほぞん》することは正当化できないという。酸素《さんそ》が供給《きょうきゅう》される水槽《すいそう》に入れ、室温で保管《ほかん》していれば問題はなかったようだ。

イタリアの北西部の都市、トリノの条例《じょうれい》もなかなか厳《きび》しい。

「犬の飼《か》い主《ぬし》は、一日三回以上、散歩させないと罰金《ばっきん》を科す」

一日三回の散歩は、なかなかできる

犬の健康のためとはいえ、こんな大型犬《おおがたけん》を毎日3回も散歩につれていくのは簡単《かんたん》ではなさそう。

ことではない。それほど多くの時間をついやせるほど犬に愛情《あいじょう》のある人か、時間とお金に余裕《よゆう》がある人しか犬を飼《か》えないということになりそうだ。違反《いはん》者《しゃ》には五百ユーロの罰金刑《ばっきんけい》が科せられるという。日本円では八万円になる。

同じイタリアでも、北部にあるモンツァの条例《じょうれい》は、目のつけどころがとてもユニークだ。

「金魚鉢《きんぎょばち》で金魚を飼育《しいく》してはいけない」

理由は、球形のガラス容器《ようき》に入れられた魚は、ガラスごしに見えるゆがんだ景色に苦しんでいるからだそうだ。

金魚鉢《きんぎょばち》の丸い形状《けいじょう》は、あくまで観賞《かんしょう》する側の都合でしかなく、金魚のためのものではない。

金魚鉢《きんぎょばち》の内側から外がゆがんで見えることはたしかだが、魚にどれほどの視《し》力《りょく》があるだろうか。ゆがんで見えても苦しいと思うだろうか。そんな疑問《ぎもん》がわいてこないでもない。しかし、この条例《じょうれい》は、人の身勝手なおこないのために、小さな魚にゆがんだ景色を見させていいはずがないという強い思いからつくられたものなのだ。金魚を飼育《しいく》することと自体に問題はなく、四角い水槽《すいそう》で、濾過器《ろかき》などが設置《せっち》されていればよいという。

最後に紹介《しょうかい》するのは、アメリカのオ

警察官《けいさつかん》であっても、犬にかみつかれる前に犬にかみつくのは、なかなかむずかしいと思われる。

ハイオ州の法律《ほうりつ》だ。

「警察官《けいさつかん》は、犬をおとなしくさせるためなら犬にかみついてよい」

拳銃《けんじゅう》を装備《そうび》した警察官《けいさつかん》が犬にかみつく姿《すがた》を想像《そうぞう》すると、吹《ふ》きだしてしまいそうになる。でも、どこかちぐはぐな法律《ほうりつ》だ。そもそも警察官《けいさつかん》は、法律《ほうりつ》でゆるされたとしても、犬にかみつこうなんて思わないのではないだろうか。まれにそういう趣味《しゅみ》の人もいるかもしれないが、ほとんどの警察官《けいさつかん》は、この法《ほう》律《りつ》があったとしても犬をかんだりはしないだろう。では、なぜわざわざ、警《けい》察官《さつかん》がしようとしない行為《こうい》を認《みと》める法律《ほうりつ》をつくったのだろうか。それは、きっと公平さをたもつためなのだ。

警察官《けいさつかん》には任務《にんむ》がある。そして、その任務《にんむ》をたまたま犬がじゃましてしまうこともある。犬に罪《つみ》はないが、警察官《けいさつかん》は任務《にんむ》を遂行《すいこう》しなければならない。ここで考えなければならないのは、警察官《けいさつかん》のほうが圧倒的《あっとうてき》に力が強いことだ。警察官《けいさつかん》は拳銃《けんじゅう》をあつかえるが、犬はあつかえない。犬にできる攻撃《こうげき》はかみつくことくらいだ。そうかといって、警察官《けいさつかん》だけに拳銃《けんじゅう》の使用を認《みと》めるわけにはいかない。そこで、警察官《けいさつかん》にも、かみつくことまではしてよいと認《みと》めたのではないだろうか。

これは警察官《けいさつかん》の任務《にんむ》と犬の権利《けんり》との葛藤《かっとう》のなかで、徹底的《てっていてき》に公平さをたもとうと考えつくしてつくられた法律《ほうりつ》なのかもしれない。

世界の人口問題

世界の人口がふえつづけると、どうなるの？

国連人口基金《ききん》が発表した「世界人口白書２０２３」によれば、二〇二三年の世界人口は、八十億四千五百万人。前年より九千万人以上の増加《ぞうか》で、八十億人を突破《とっぱ》した。国別では、インドが、長年一位だった中国を抜《ぬ》いて、世界一位の座《ざ》についた。インドは十四億二千八百六十万人で、中国は十四億二千五百七十万人だ。つづく三位がアメリカの三億四千万人で、四位以降《いこう》はインドネシア、パキスタン、ナイジェリア、ブラジルとつづいていて、ここまでが二億人を超《こ》えている。

インドと中国の人口が圧倒的《あっとうてき》に多く、この二つの国だけで、世界人口の三五パーセント以上を占《し》めることになる。なぜインドと中国の人口が多いのか。それは国土が広

世界の人口ランキング　ベスト50

（国連人口基金「世界人口白書2023」による）

順位	国名	人口
1	インド	14億2860万人
2	中国	14億2570万人
3	アメリカ	3億4000万人
4	インドネシア	2億7750万人
5	パキスタン	2億4050万人
6	ナイジェリア	2億2380万人
7	ブラジル	2億1640万人
8	バングラデシュ	1億7300万人
9	ロシア	1億4440万人
10	メキシコ	1億2850万人
11	エチオピア	1億2650万人
12	日本	1億2330万人
13	フィリピン	1億1730万人
14	エジプト	1億1270万人
15	コンゴ共和国	1億230万人
16	ベトナム	9890万人
17	イラン	8920万人
18	トルコ	8580万人
19	ドイツ	8330万人
20	タイ	7180万人
21	イギリス	6770万人
22	タンザニア	6740万人
23	フランス	6480万人
24	南アフリカ	6040万人
25	イタリア	5890万人
26	ケニア	5510万人
27	ミャンマー	5460万人
28	コロンビア	5210万人
29	韓《かん》国《こく》	5180万人
30	ウガンダ	4860万人
31	スーダン	4810万人
32	スペイン	4750万人
33	アルゼンチン	4580万人
34	アルジェリア	4560万人
35	イラク	4550万人
36	アフガニスタン	4220万人
37	ポーランド	4100万人
38	カナダ	3880万人
39	モロッコ	3780万人
40	サウジアラビア	3690万人
41	ウクライナ	3670万人
42	アンゴラ	3670万人
43	ウズベキスタン	3520万人
44	イエメン	3440万人
45	ペルー	3440万人
46	マレーシア	3430万人
47	ガーナ	3410万人
48	モザンビーク	3390万人
49	ネパール	3090万人
50	マダガスカル	3030万人

いことと、比較的温暖《ひかくてきおんだん》な気候と肥沃《ひよく》な土地であることがあげられるだろう。米と小麦の生産量は、いずれも中国が世界一位で、インドが二位だ。

世界人口は、一七五〇年ごろから爆発的《ばくはつてき》に増加《ぞうか》している。この時期は、ちょうどヨーロッパで産業革命《かくめい》が起きたころだ。それまでの世界人口は何千年も微増《びぞう》をつづけていた。ところが、産業革命《かくめい》がはじまると、いっきに人口がふえはじめ、それが今もつづいている。

十八世紀《せいき》後半から十九世紀《せいき》初頭にイギリスではじまった産業革命《かくめい》は、社会の二つの面で大変革《だいへんかく》を起こした。ひとつは紡績機《ぼうせきき》や蒸気《じょうき》機関の開発という技術革命《ぎじゅつかくめい》。もうひとつは石炭を利用するというエネルギー革命《かくめい》。これによって工場制《こうじょうせい》機械工業がはじまるとともに、蒸気《じょうき》機関を船や鉄道に利用する物流面での革命《かくめい》も起きている。生産性《せいさんせい》と流通性《りゅうつうせい》がいっきに向上しはじめたのだ。

でも、これだけでは人口爆発《ばくはつ》が起こることはないだろう。なぜなら、ふえつづける人間をやしなうだけの食料が必要だからだ。もともと人口と農地面積はある程度比例《ていどひれい》

世界人口の推移《すいい》（推計値《すいけいち》）　（国連人口基金）

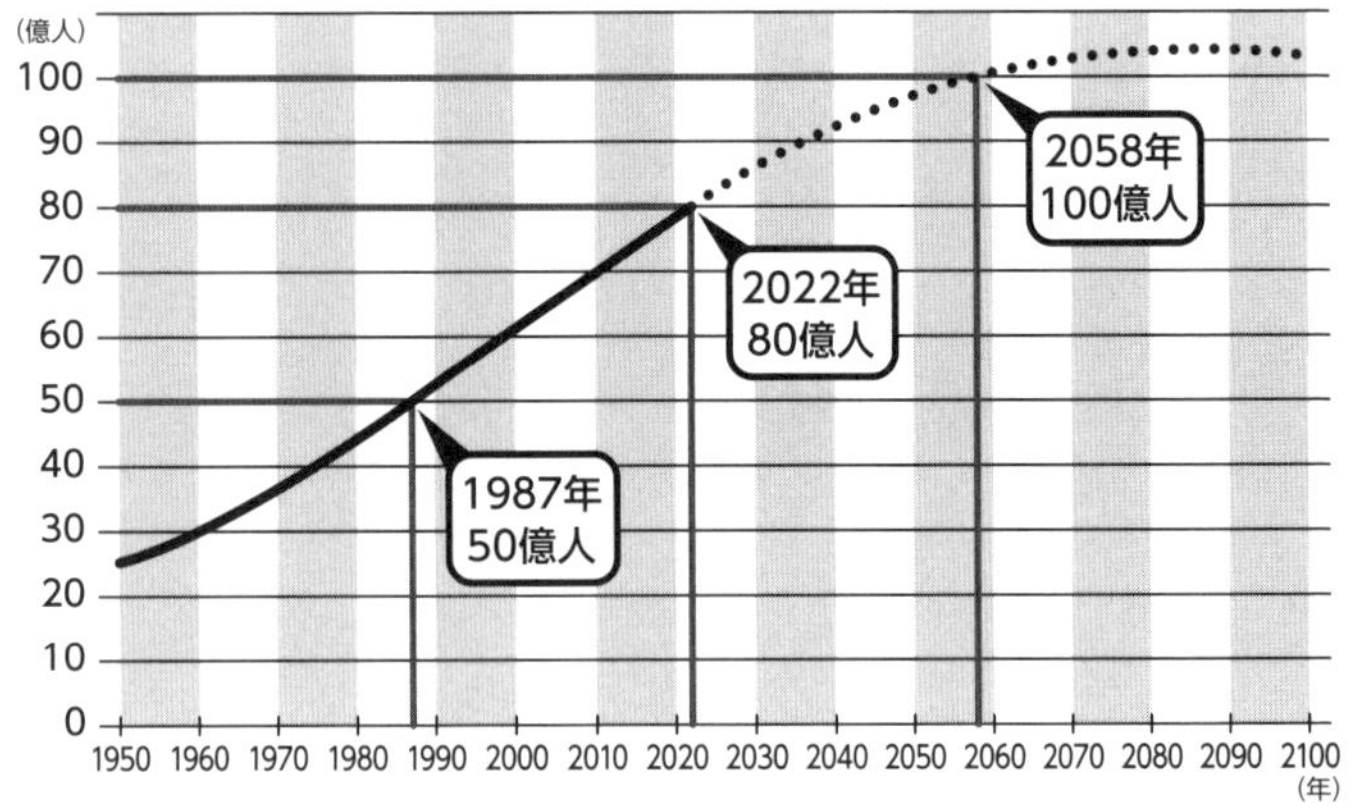

しているという。食料の生産量が少なければ、多くの人口をささえることはできない。

じつは産業革命《かくめい》に先がけて、ヨーロッパでは農業革命《かくめい》が起きていた。それまでの農業は、人々《ひとびと》が食べて生きていくためだった。つまり、自給自足をするためだ。それが商品として販売《はんばい》するための農作物に特化した農業に変わっていった。自分たちが食べていくために不足している食料を輸入《ゆにゅう》する一方、販売《はんばい》を目的として大量に生産するようになった。

この農業革命《かくめい》と産業革命《かくめい》が、世界人口の爆発的増《ばくはつてきぞう》加《か》のきっかけになったのである。もちろん、医療技《いりょうぎ》術《じゅつ》や保健衛生《ほけんえいせい》が発達したことも、人口増加《ぞうか》の大きな要因《よういん》といえる。世界人口は、一九六〇年には三十億人、一九八七年には五十億人、二〇二二年には八十億人を超《こ》え、まだまだ急増《きゅうぞう》をつづけている。

一方、日本はというと、二〇〇七年ごろからずっと人口が減少《げんしょう》しつづけている。「世界人口白書2023」では、日本の人口は一億二千三百三十万人で世界十二位。前年からひとつ順位を落としている。出生率《しゅっしょうりつ》の低下が人口減少《げんしょう》のおもな要因《よういん》だが、このまま低下がつづけば、二〇五〇年代に一億人を割《わ》りこむと予測《よそく》されている。

ずいぶん前から、「少子高齢化《しょうしこうれいか》」という言葉を聞くようになった。出生率《しゅっしょうりつ》が低いために、全人口における若《わか》い人たちの割合《わりあい》が低くなると同時に、高齢者《こうれいしゃ》の割合《わりあい》が上昇《じょうしょう》している。この人口構成《こうせい》の変化が、日本の経済《けいざい》と社会に大きな影響《えいきょう》をおよぼしていて問題になっている。高齢者《こうれいしゃ》の増加《ぞうか》とともに医療《いりょう》や介護《かいご》の需要《じゅよう》が年々増大《ねんねんぞうだい》し、日本全体での社会保障費《ほしょうひ》の負担《ふたん》が大きくなっていく。それを年々減少《ねんねんげんしょう》していく若《わか》い世代（労働力人口）がささえなければならない。

すでに日本は、二〇〇七年に、高齢化率《こうれいかりつ》（六十五歳《さい》以上の高齢者《こうれいしゃ》の全人口に占《し》める

日本の高齢化《こうれいか》の推移《すいい》と将来推計《しょうらいすいけい》 「令和5年版 高齢社会白書」（内閣府）

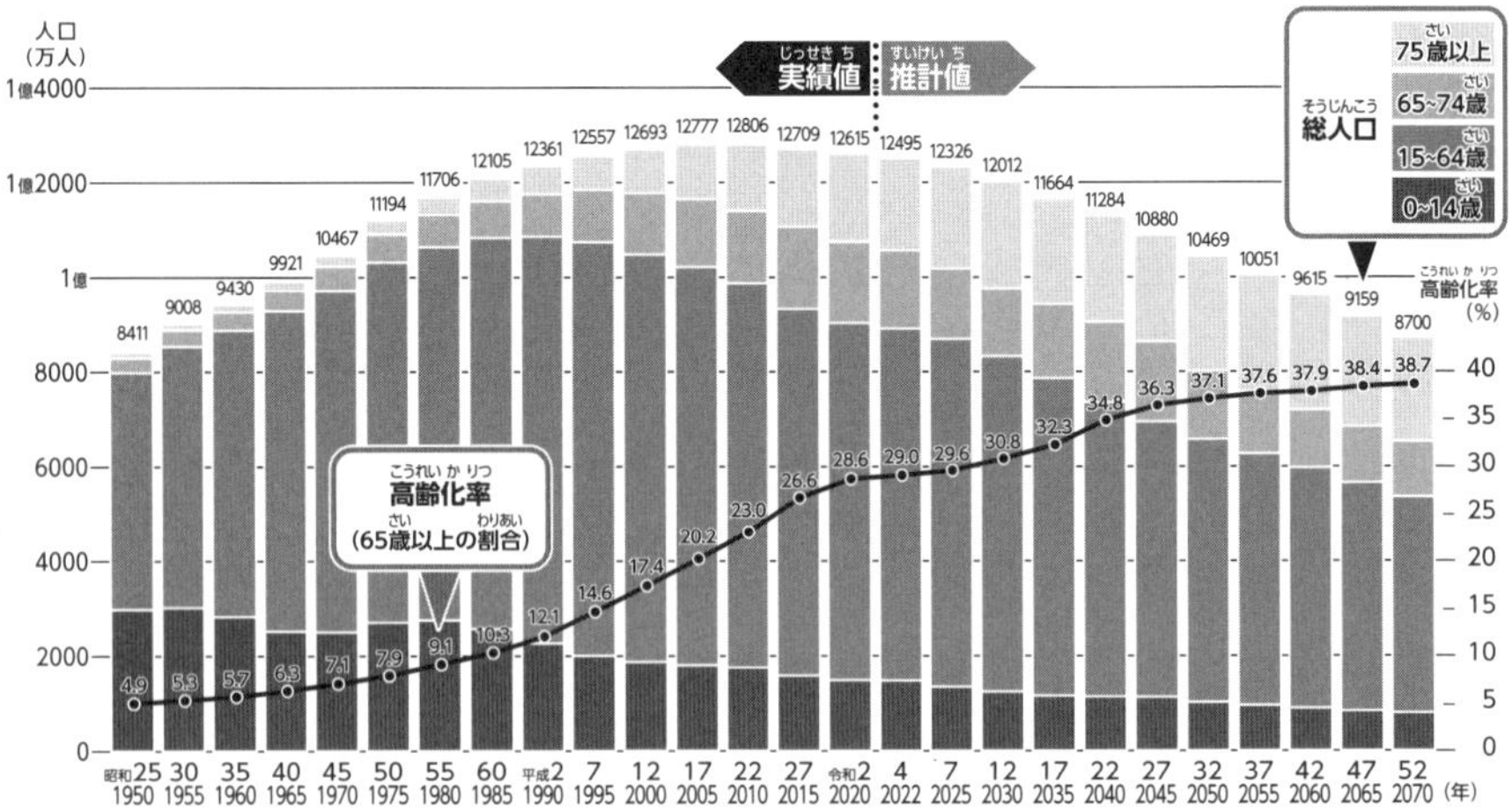

割合《わりあい》）が二一パーセント以上となり「超高《ちょうこう》齢《れい》社会」へと移行《いこう》した。二〇二三年には、その割合《わりあい》が過去《かこ》最高の二九・一パーセントへと上昇《じょうしょう》している。

少子化《しょうしか》の原因《げんいん》はさまざまだが、大きな原《げん》因《いん》は非婚化《ひこんか》や晩婚化《ばんこんか》だ。日本では結婚《けっこん》してから子どもを産むことが多く、結婚《けっこん》しなかったり、結婚《けっこん》する時期が遅《おそ》かったりすると、自然と生まれる子どもの数が少なくなる。非婚化《ひこんか》・晩婚化《ばんこんか》の要因《よういん》は、生活の多様化、人々《ひとびと》の結婚観《けっこんかん》の変化、経済的《けいざいてき》な理由などがあげられている。

世界には、日本のように人口が減少《げんしょう》して

いる国も少なくない。ヨーロッパのブルガリア、リトアニア、ラトビアなどの国々《くにぐに》は、少子化《しょうしか》にくわえ、若《わか》い人たちの国外移住《いじゅう》の増加《ぞうか》もあって、人口減少《げんしょう》と高齢化《こうれいか》が急激《きゅうげき》に進んでいる。

八十億人を超《こ》えた世界人口は、今後もふえつづけると予想されている。二〇五八年で百億人を超《こ》え、今世紀末《こんせいきまつ》には人口のピークに達すると見られている。

二〇五〇年までの人口予想としては、ヨーロッパの人口は減少《げんしょう》するが、アフリカ大陸のサハラ砂漠《さばく》以南の地域《ちいき》では倍増《ばいぞう》する可能性《かのうせい》が高いようだ。とくに多くの人口増加《ぞうか》が予想される国は、インド、ナイジェリア、パキスタン、コンゴ民主共和国、エチオピア、タンザニア、インドネシア、エジプト、アメリカなどの国々《くにぐに》だ。

人口の増加《ぞうか》は労働力人口がふえることにもつながり、その国全体の経済《けいざい》成長が期待できるかもしれない。しかし、人口が急増《きゅうぞう》しているのは、開発途上国《かいはつとじょうこく》の貧《まず》しい国が多い傾向《けいこう》にある。そういった国では、人口に見合った食料や水が不足するほか、エネルギー資源《しげん》や住宅《じゅうたく》など、生活に欠かせないものが不足する可能性《かのうせい》がある。人口増加《ぞうか》の問題は、ひいては経済格差《けいざいかくさ》や貧困《ひんこん》問題に直結するのだ。

また、人口が増加《ぞうか》すると、それだけ人の活動も活発になり、より多くのエネルギーが必要になる。すると、エネルギーを生みだしている石油や石炭といった化石燃料《かせきねんりょう》を今以上に使う可能性《かのうせい》があり、二酸化炭素《にさんかたんそ》の排出量《はいしゅつりょう》の増大《ぞうだい》や、ひいては地球温暖化《おんだんか》につながっていく。

世界では、二〇二二年時点で、三十一億人以上が健康的な食事を得《え》られていないという。そして、そのうちの九億人がサハラ砂漠《さばく》以南に住む人たちだとされている。多くの幼《おさな》い子どもが発育阻害《そがい》の状態《じょうたい》だったり、栄養不足によって死の危険《きけん》にさらされたりしている。しかも、気候変動の影響《えいきょう》やたびかさなる紛争《ふんそう》が、人口問題の解決《かいけつ》をいっそう困難《こんなん》なものにしている。このまま人口がふえつづければ、ますます状況《じょうきょう》が悪化することは明白だ。

日本と世界の高齢化事情《こうれいかじじょう》

超高齢社会《ちょうこうれいしゃかい》のどこに問題があるの?

日本と世界の高齢化《こうれいか》について解説《かいせつ》しよう。人口構成《こうせい》が高齢化《こうれいか》した社会に、いったいどういう問題があるのだろうか。数字もたくさん出てくるが、できるだけわかりやすく伝えていく。

日本は、高齢化《こうれいか》の世界最先端《さいせんたん》を走っている。

ほめられているようにも聞こえるが、空恐《そらおそ》ろしい気もする。実際《じっさい》、日本では急速に高齢化《こうれいか》が進んでいて、このままでは経済《けいざい》や社会に深刻《しんこく》な影響《えいきょう》をあたえるだろうといわれている。

そもそも高齢者《こうれいしゃ》とは何歳《なんさい》からをいうのか。世界保健機構《ほけんきこう》(WHO)では、六十五歳《さい》

主要国の高齢化率《こうれいかりつ》の推移《すいい》と将来推計《しょうらいすいけい》

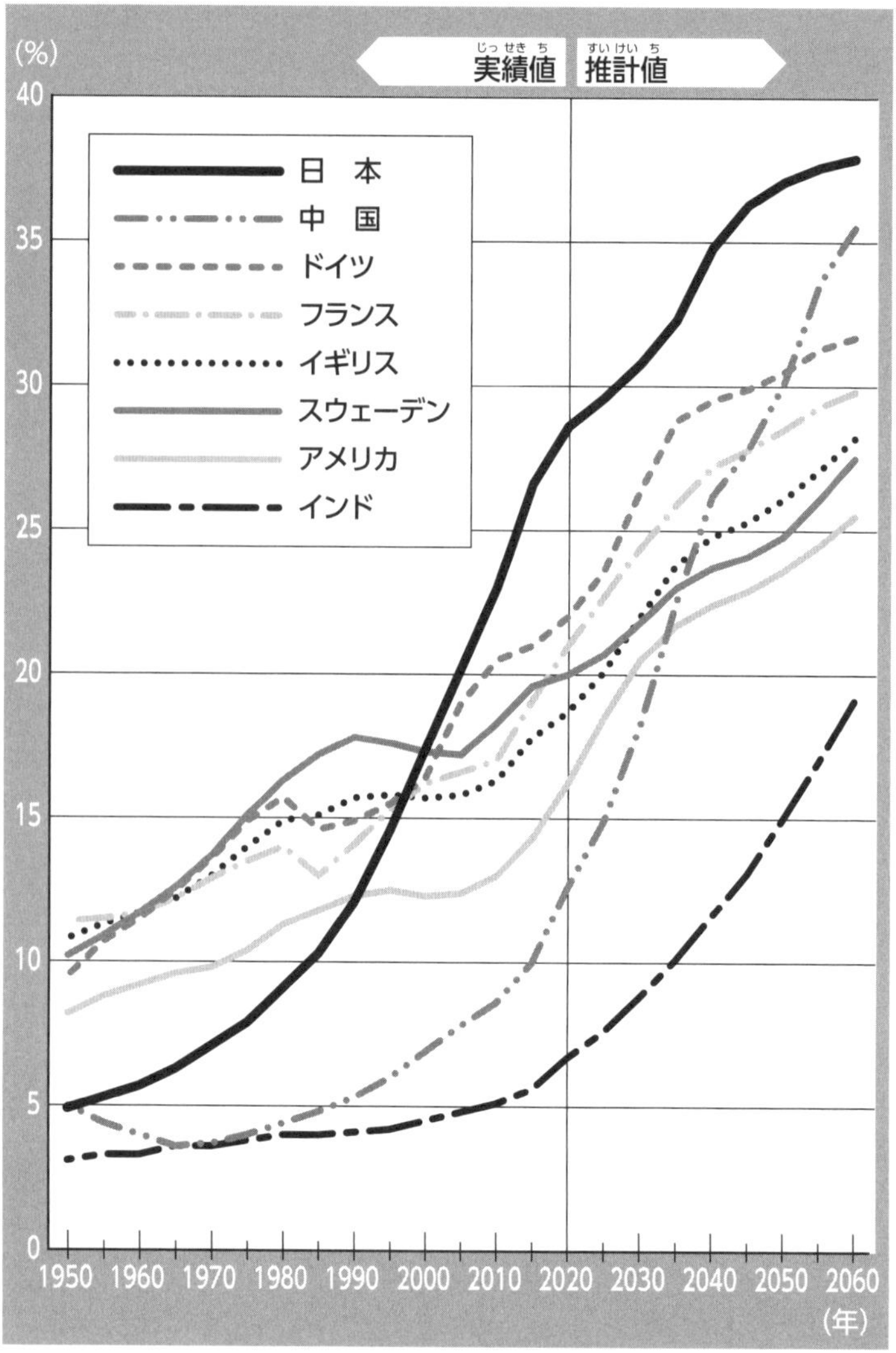

「令和 5 年版 高齢社会白書」内閣府

以上の人を高齢者《こうれいしゃ》と定義《ていぎ》している。日本の統計局《とうけいきょく》などでも同様に六十五歳《さい》以上を高齢《こうれい》者《しゃ》とし、〇歳《さい》から十四歳《さい》を年少、十五歳《さい》から六十四歳《さい》を生産年齢《ねんれい》とよんでいる。

高齢化《こうれいか》の度合いは、総人口《そうじんこう》における高齢者《こうれいしゃ》人口の割合《わりあい》から判断《はんだん》する。高齢化率《こうれいかりつ》が七パーセント以上一四パーセント未満は「高齢化社会《こうれいかしゃかい》」、一四パーセント以上二一パーセント未満は「高齢《こうれい》社会」、二一パーセント以上は「超高齢《ちょうこうれい》社会」という。

日本の高齢化《こうれいか》の現状《げんじょう》は、最高レベルの超高齢《ちょうこうれい》社会にあたる。太平洋戦争の終結から五年後の一九五〇年では、高齢化率《こうれいかりつ》は四・九パーセントと低かった。しかし、その六十年後の二〇一〇年には二三パーセントに大きく上昇《じょうしょう》している。

二〇一〇年ごろには、ちょうど日本の人口がピークを迎《むか》えていて、以降《いこう》は減少《げんしょう》しはじめている。逆《ぎゃく》に高齢化率《こうれいかりつ》は上昇《じょうしょう》をつづけ、二〇二三年には二九・一パーセントと過《か》去《こ》最高を更新《こうしん》した。高齢化《こうれいか》の要因《よういん》として考えられることは、医学の進歩と医療制度《いりょうせいど》の充実《じゅうじつ》、国民皆保険制度《こくみんかいほけんせいど》をはじめとする生活保障《ほしょう》の充実《じゅうじつ》、生活環境《かんきょう》の変化、教育の充実《じゅうじつ》などがあげられる。

また、これらにより、日本人の平均寿命《へいきんじゅみょう》はのびつづけている。一九四七年には女性《じょせい》が五三・九六歳《さい》、男性《だんせい》が五〇・〇六歳《さい》だったのが、二〇二二年には女性《じょせい》が八七・〇九歳《さい》、男性《だんせい》が八一・〇五歳《さい》になっている。日本は長寿国《ちょうじゅこく》といわれるだけあって、平均寿《へいきんじゅ》命《みょう》は男女いずれも世界でトップクラスだ。長生きする人が多くなればなるほど、当然、高齢化率《こうれいかりつ》も上昇《じょうしょう》する。

高齢化《こうれいか》が進む要因《よういん》には、少子化《しょうしか》も大きく影響《えいきょう》している。一九七〇年代前半の第二次ベビーブームをピークに、日本の出生数は減少《げんしょう》しつづけている。

「合計特殊出生率《ごうけいとくしゅしゅっしょうりつ》」という言葉を聞いたことがあるだろうか。これは十五歳《さい》から四十九歳《さい》までの女性《じょせい》が生涯《しょうがい》で出産する人数をあらわす指標で、人口を維持《いじ》するためには合《ごう》計特殊出生率《けいとくしゅしゅっしょうりつ》が二・一くらいが必要だといわれている。一九四七年には四・三二だったのが、二〇〇五年には過去《かこ》最低の一・二六になり、それ以降《いこう》も低い数値《すうち》がつづいている。若《わか》い人たちの人口がふえないと、相対的に高齢者《こうれいしゃ》の人口の割合《わりあい》が高くなる。

日本は少子化《しょうしか》と高齢化《こうれいか》が同時に進んでいて、二〇二三年の時点では、約四人に一人

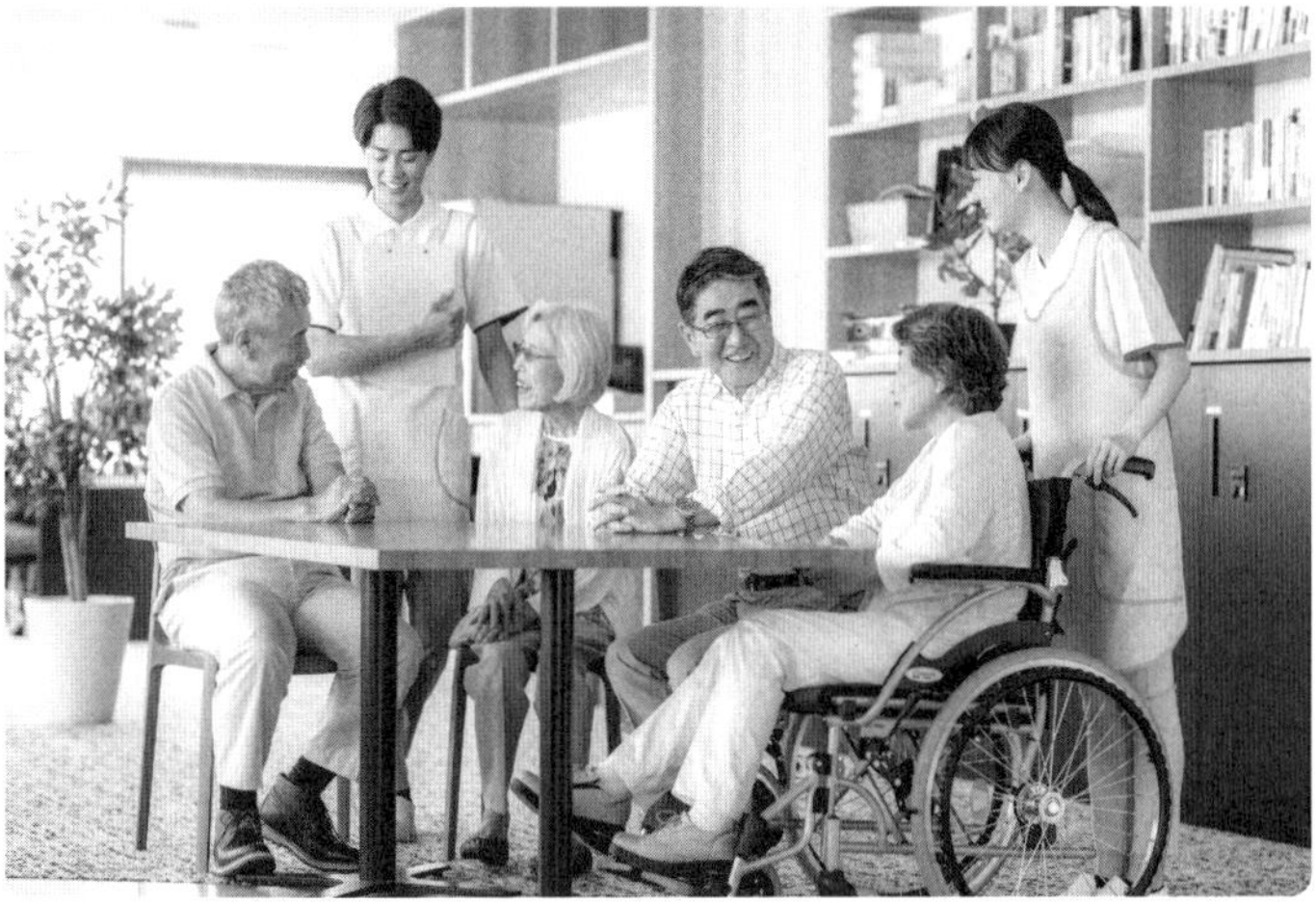

老人ホームやデイサービスは高齢者《こうれいしゃ》のやすらぎの場所になっている。そこで働く若者《わかもの》も多い。

が高齢者《こうれいしゃ》になった。今でも高齢者《こうれいしゃ》の割《わり》合《あい》は高いが、二〇五〇年には約三人に一人が高齢者《こうれいしゃ》になると予測《よそく》されているという。日本人が三人いたら、そのうち一人は六十五歳《さい》以上になるということだ。

では、少子高齢化《しょうしこうれいか》が進展《しんてん》すると、どんな問題が起きるのか。ひとつは社会保険料《ほけんりょう》の値上《ねあ》がりだ。とくに医療保険《いりょうほけん》や介護保険《かいごほけん》の保険料《ほけんりょう》が大幅《おおはば》に値上《ねあ》がりするだろう。値上《ねあ》がり分の保険料《ほけんりょう》を、六十五歳《さい》以上で会社を退職《たいしょく》した人たちが負担《ふたん》するのか、または、まだ若《わか》い生産年齢《ねんれい》の人たちが負担《ふたん》するのか、あるいは両者が負担《ふたん》するのか。いずれにしても、だれかが負担《ふたん》しなければならない。

もうひとつの大きな問題は、高齢者《こうれいしゃ》の生活をサポートする介護士《かいごし》がますます不足することだ。すでに慢性的《まんせいてき》に介護士《かいごし》がたりない状態《じょうたい》がつづいているのに、今後も増加《ぞうか》する高齢者《こうれいしゃ》に対して、どう対処《たいしょ》するのだろうか。何か大胆《だいたん》な対策《たいさく》を立てないかぎり、十分な介護《かいご》を受けられない高齢者《こうれいしゃ》が増加《ぞうか》していくことが予想される。日本は社会保障《ほしょう》が充実《じゅうじつ》していて、高齢者間《こうれいしゃかん》に比較的格差《ひかくてきかくさ》がないといわれているが、いずれそれも危《あや》うくなり、現在《げんざい》のレベルの社会保障《ほしょう》が維持《いじ》できなくなるだろう。

さて、ここからは世界の状況《じょうきょう》を見てみよう。

世界人口は急増《きゅうぞう》しているが、国によってその増加率《ぞうかりつ》は大きくちがう。アフリカなどの低所得国《ていしょとくこく》では、人口増加率《ぞうかりつ》は突出《とっしゅつ》して高い。ヨーロッパなど、中《ちゅう》・高所得国《こうしょとくこく》では、人口増加率《ぞうかりつ》はかなり低いし、減少《げんしょう》している国もある。そのため、ヨーロッパの先進国では、日本と同じような高齢化《こうれいか》が進んでいる。

日本の高齢化率《こうれいかりつ》は、二〇〇五年ごろから世界一位を継続《けいぞく》していて、今後もしばらくつづくだろうと予測《よそく》されている。二〇二〇年時点でいえば、二位以降《いこう》はイタリア、スウェーデン、スペイン、ドイツ、フランス、イギリス、アメリカとつづく。いずれも先進国であり、バリアフリーの設備《せつび》をととのえるなど、高齢《こうれい》者《しゃ》がくらしやすい国づくりが進められている。アジアでは、韓国《かんこく》やシンガポールで急激《きゅうげき》に高《こう》齢化率《れいかりつ》が高まっていて、すでに高齢《こうれい》社会に突《とつ》入《にゅう》している。

増加《ぞうか》する高齢者《こうれいしゃ》をささえるには、人的資源《しげん》やインフラへの投資《とうし》、社会保障制度《ほしょうせいど》の改革《かいかく》、技術革新《ぎじゅつかくしん》などが必要になってくる。十分に福祉《ふくし》の恩恵《おんけい》を受けられる者がいる一方で、貧困《ひんこん》のなかで病気をかかえながらくらす高齢者《こうれいしゃ》がますます増加《ぞうか》していくだろう。収入《しゅうにゅう》や教育、ジェンダー、民族、居住地《きょじゅうち》などによって高齢者《こうれいしゃ》の格差《かくさ》が広がってしまう可能《かのう》性《せい》もあるのだ。

二〇二三年一月に国連が発表した「世界社会情勢報告《じょうせいほうこく》２０２３」によれば、高齢者《こうれいしゃ》の世界人口は、二〇二一年の七億六千百万人から、二〇五〇年には十六億人に上昇《じょうしょう》する。二倍以上の増加《ぞうか》が予測《よそく》されているのだ。世界人口の増加《ぞうか》にしても、高齢化《こうれいか》にしても、人類はまだだれも遭遇《そうぐう》したことのない問題に直面している。

世界でもっとも危険《きけん》な国

テロや紛争《ふんそう》が多発している国はどこ？

平和な日本ですごしているわたしたちには、危険《きけん》ととなりあわせの生活がいったいどういうものかは想像《そうぞう》しにくい。しかし、世界には、毎日のように命の危険《きけん》を感じながら生活している人々《ひとびと》がいる。その事実を、わたしたちは国際《こくさい》社会の一員として知っておく必要があるのではないだろうか。

国際的《こくさいてき》なシンクタンクである経済《けいざい》平和研究所は、毎年、「世界平和度指数」を発表している。これは、世界各国の平和の度合いを数値《すうち》で評価《ひょうか》した指標だ。治安《ちあん》のレベル、内戦・戦争の状況《じょうきょう》、軍事化の度合いの三つの分野が評価《ひょうか》のもとになっている。

二〇二三年の発表によると、過去《かこ》十年間、世界の平和度の平均《へいきん》レベルは悪化をつづけているという。また、もっとも平和な国と、もっとも平和でない国との差が拡大《かくだい》していて、二極化の傾向《けいこう》もあるようだ。二〇二二年にはじまったロシアのウクライナ侵攻《しんこう》は、ヨーロッパの状況《じょうきょう》をかなり悪化させてしまったが、それをのぞいたとしても、二〇一九年以来、世界の紛争《ふんそう》の数や規模《きぼ》は大きくなりつづけているという。

ここでは、「世界平和度指数（2023年版《ばん》）」から、平和度が低く危険《きけん》な国を紹介《しょうかい》しよう。

世界でもっとも危険《きけん》な国は、中東の山岳《さんがく》の国、アフガニスタンだ。アフガニスタンは、長年にわたり政情《せいじょう》が不安定で、紛争《ふんそう》がつづいている国だ。平和度の評価《ひょうか》は、ずいぶん前から非常《ひじょう》に悪く、七年連続でもっとも危険《きけん》な国となっている。その原因《げんいん》を探《さぐ》るために歴史《れきし》をさかのぼってみよう。

二〇〇一年九月十一日、全米をゆるがす事件《じけん》が発生した。アメリカ同時多発テロ事件《じけん》（9・11事件《じけん》）だ。イスラム原理主義《げんりしゅぎ》をかかげる国際《こくさい》テロ組織《そしき》、アルカイダのメンバーが、アメリカの旅客機四機をハイジャックして、世界貿易《ぼうえき》センタービルの二棟《とう》と、アメリカ国防総省《こくぼうそうしょう》ビルに激突《げきとつ》し、破壊《はかい》させて多くの人命をうばった。

アメリカは、テロの首謀者《しゅぼうしゃ》をアルカイダの指導者《しどうしゃ》であるオサマ・ビンラディンと断定《だんてい》。アフガニスタンに潜伏《せんぷく》していることをつきとめた。アメリカはアフガニスタンにビンラディンの引きわたしを求めたが、当時、政権《せいけん》についていたイスラム原理主義《げんりしゅぎ》組織《そしき》、タリバンはこれを拒否《きょひ》。その結果、アメリカ・イギリス連合軍による軍事攻撃《こうげき》につながり、アフガニスタン戦争が勃発《ぼっぱつ》した。アメリカの軍事力によって、タリバン政権《せいけん》は崩壊《ほうかい》し、新しい政権《せいけん》が発足した。しかし、アフガニスタン国民の生活はいっこうに改善《かいぜん》されることはなかった。二〇〇三年にアメリカがイラク戦争を開始して、軍の多くがイラクに移動《いどう》すると、アフガニスタンでタリバンの勢力《せいりょく》がふたたび拡大《かくだい》。タリバンとアフガニスタン政府軍《せいふぐん》・アメリカ軍の戦闘《せんとう》は長引き、泥沼化《どろぬまか》していった。

二〇二〇年、アメリカとタリバンが和平に合意。二〇二一年にアメリカ軍が撤退《てったい》すると同時に、タリバンがアフガニスタン全土を掌握《しょうあく》した。それまでの政権《せいけん》は崩壊《ほうかい》し、タリバンがふたたび実権《じっけん》をにぎった。しかし、不安定な治安情勢《ちあんじょうせい》はつづいている。

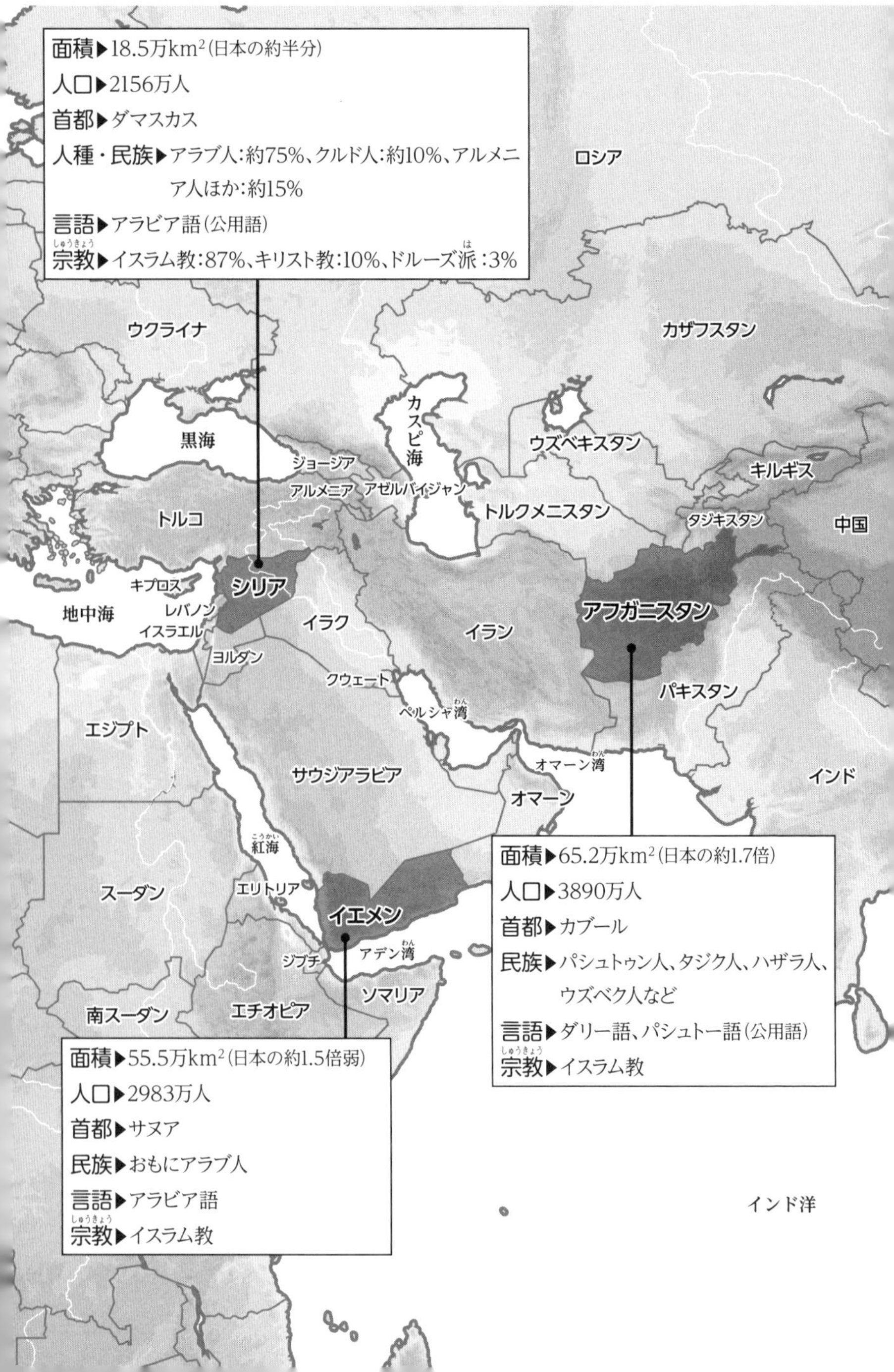

面積▶18.5万km²(日本の約半分)
人口▶2156万人
首都▶ダマスカス
人種・民族▶アラブ人:約75%、クルド人:約10%、アルメニア人ほか:約15%
言語▶アラビア語(公用語)
宗教《しゅうきょう》▶イスラム教:87%、キリスト教:10%、ドルーズ派《は》:3%
ロシア
ウクライナ
カザフスタン
カスピ海
黒海
ウズベキスタン
ジョージア
キルギス
アルメニア
アゼルバイジャン
トルクメニスタン
トルコ
タジキスタン
中国
シリア
キプロス
アフガニスタン
地中海
レバノン
イスラエル
イラク
イラン
ヨルダン
クウェート
パキスタン
ペルシャ湾《わん》
エジプト
オマーン湾《わん》
サウジアラビア
インド
オマーン
紅海《こうかい》
スーダン
エリトリア
イエメン
ジブチ
アデン湾《わん》
ソマリア
南スーダン
エチオピア
面積▶65.2万km²(日本の約1.7倍)
人口▶3890万人
首都▶カブール
民族▶パシュトゥン人、タジク人、ハザラ人、ウズベク人など
言語▶ダリー語、パシュトー語(公用語)
宗教《しゅうきょう》▶イスラム教
面積▶55.5万km²(日本の約1.5倍弱)
人口▶2983万人
首都▶サヌア
民族▶おもにアラブ人
言語▶アラビア語
宗教《しゅうきょう》▶イスラム教
インド洋

アフガニスタンのカブールで、ブルカをつけて顔をかくして歩く女性《じょせい》。

　タリバン政権下《せいけんか》のアフガニスタンは、さまざまな自由が抑圧《よくあつ》される社会になってしまった。とくに女性《じょせい》の自由と権利《けんり》が大きく制限《せいげん》されている。女性《じょせい》には、公共の場で目の部分以外の顔を布《ぬの》でおおわなければいけないという厳格《げんかく》な服装規定《ふくそうきてい》が課せられた。女性《じょせい》が公園や遊園地、プールに立ち入ることは禁止《きんし》された。教育も制限《せいげん》され、女子が通えるのは小学校までで、中学校や高校への進学は認《みと》められなくなった。美容院《びよういん》は営業禁止《えいぎょうきんし》となり、国際的《こくさいてき》なＮＧＯ（非政府組織《ひせいふそしき》）の多くの女性職員《じょせいしょくいん》が就労《しゅうろう》を禁止《きんし》された。

　長年、戦争の舞台《ぶたい》でありつづけたアフガニスタンでは、多くの人が難民《なんみん》や国内避難民《ひなんみん》となって国外や国内に安全を求めて移動《いどう》している。人々《ひとびと》の生活は困窮《こんきゅう》し、国民の三分の二以上が支援《しえん》を必要としているといわれる。しかし、タリバン政権《せいけん》を認《みと》めている国は少ない。

つづいて紹介《しょうかい》する世界で二番めに危険《きけん》な国は、アラビア半島の最南部に位置するイエメンだ。国土の大半が砂漠《さばく》で、さまざまな面で開発が遅《おく》れている。アラブ諸国《しょこく》でも最貧国《さいひんこく》だといわれている。

一九九〇年に南イエメンと北イエメンが統合《とうごう》して、現在《げんざい》のイエメンとなったが、チュニジアの「ジャスミン革命《かくめい》」からはじまる民主化運動「アラブの春」に影響《えいきょう》を受け、二〇一一年、市民による反政府《はんせいふ》デモが発生した。その後、北イエメン出身のサレハ大統領《だいとうりょう》が退陣《たいじん》。南イエメン出身のハーディ副大統領《ふくだいとうりょう》が大統領《だいとうりょう》に就任《しゅうにん》して、新体制《しんたいせい》がつくられた。しかし、一時、国外に亡命《ぼうめい》していたサレハが、イスラム教シーア派《は》の反《はん》政府武装組織《せいふぶそうそしき》、フーシ派《は》と手を組み、二〇一五年にクーデターを引きおこす。それ以《い》降《こう》、イランの支援《しえん》を受けるフーシ派《は》と政府側《せいふがわ》との内戦が長期にわたってつづいている。

フーシ派《は》は、紅海《こうかい》を航行《こうこう》する民間の商船などを標的にして攻撃《こうげき》をくりかえしていた

イエメンのタイズで、紛争《ふんそう》によって破壊《はかい》されてしまった住居《じゅうきょ》を呆然《ぼうぜん》と見つめる少年。

ため、二〇二四年一月、アメリカ・イギリス軍がフーシ派《は》に対して空爆《くうばく》をおこなった。イエメンの治安情勢《ちあんじょうせい》はきわめて悪い状況《じょうきょう》で、戦火を逃《のが》れて避難《ひなん》生活を送っている人々《ひとびと》は数多くいる。

三番めに危険《きけん》な国はシリアだ。シリアは、北にトルコ、東にイラク、南にヨルダン、南西にイスラエル、レバノンと国境《こっきょう》を接《せっ》し、西は地中海に面している。

二〇一一年、「アラブの春」に影響《えいきょう》を受けて、アサド大統領《だいとうりょう》ひきいる政府《せいふ》に対する反政府《はんせいふ》デモが拡大《かくだい》。政府軍《せいふぐん》と反政府勢力《はんせいふせいりょく》の戦いが本格化《ほんかくか》して内戦状態《じょうたい》となった。この紛争《ふんそう》は「シリア内戦」とよばれている。二〇一五年からロシアがアサド政権《せいけん》を支援《しえん》しはじめたこともあり、アサド政権《せいけん》は、首都のダマスカスをふくむ国土の大半を制圧《せいあつ》した。しかし、シリア北西部では、反政府勢力《はんせいふせいりょく》がトルコの支援《しえん》を受けて抵抗《ていこう》をつづけ、北東部では、クルド人の武装勢力《ぶそうせいりょく》が実効支配《じっこうしはい》していて、治安情勢《ちあんじょうせい》はきわめて悪い。また、アサド政権《せいけん》は、国際条約《こくさいじょうやく》で使用が全面禁止《きんし》されている神経剤《しんけいざい》サリンなどの化学兵器を広範囲《こうはんい》で使用した疑《うたが》いを持たれている。

平和度の低い国の四位以下は、つぎのようになる。四位・南スーダン、五位・コンゴ民主共和国、六位・ロシア、七位・ウクライナ、八位・ソマリア、九位・スーダン、十位・イラク。いずれも政治《せいじ》不安をかかえている国々《くにぐに》だ。

治安《ちあん》がよく、幸福度の高い国はどこ？

「世界平和度指数（2023年版《ばん》）」から、平和度の高い国を紹介《しょうかい》しよう。

そもそも「平和」とは、いったいどういうことをいうのだろうか。辞書を見ると、「戦争や紛争《ふんそう》がなく、世の中がおだやかな状態《じょうたい》」とある。たしかに戦争や紛争《ふんそう》のような危険《きけん》なことがある国は、けっして平和とはいえないだろう。

世界平和度指数における平和の度合いは、具体的な指標をもとに評価《ひょうか》している。考《こう》慮《りょ》されているのは、戦争や内戦、テロ活動、暴力的《ぼうりょくてき》なデモ、犯罪《はんざい》、殺人《さつじん》、難民《なんみん》や国内避難民《ひなんみん》、武器《ぶき》の輸出入《ゆしゅつにゅう》、銃火器《じゅうかき》の入手のしやすさ、核兵器《かくへいき》や重火器、軍事支出《ししゅつ》、政治《せいじ》不安、近隣国《きんりんこく》との緊張《きんちょう》関係などだ。これらが小さければ小さいほど平和の度合いが高くなる。

では、世界でもっとも平和な国を紹介《しょうかい》しよう。

それは北極圏《ほっきょくけん》の南に位置するアイスランドだ。ちょっと意外に思った人もいるかもしれない。「平和な国はどんなところだと思う?」と聞かれたら、なんとなく温暖《おんだん》な気候の国をイメージする人も多いのではないだろうか。だが、北欧《ほくおう》のアイスランドが、世界平和度指数では二〇〇八年以降《いこう》、ずっと一位をたもっているのだ。

アイスランドは、北大西洋にうかぶ島国だ。面積は北海道《ほっかいどう》よりやや広く、人口は約三十九万人。北海道《ほっかいどう》の人口が約五百二十万人だから、人口密度《みつど》はかなり低い。

首都のレイキャビクは北緯《ほくい》六十四度。北海道稚内市《ほっかいどうわっかないし》の宗谷岬《そうやみさき》が北緯《ほくい》四十五度だから、かなり高緯度《こういど》に位置するといえる。だが、暖流《だんりゅう》のメキシコ湾流《わんりゅう》の影響《えいきょう》で、ほかの同緯《どうい》度《ど》の地域《ちいき》とくらべると気候は温暖《おんだん》だ。火山が百数十もあって火山活動が活発なため、地熱発電がさかんで温泉《おんせん》も多数ある。また、気象条件《きしょうじょうけん》があえば、国内のどこにいてもオーロラを観測《かんそく》できるという。

アイスランドの首都、レイキャビク。右の建物は、市内を一望できるハットルグリムス教会。

内陸部はハイランド（中央高原地帯）とよばれ、多くの山々《やまやま》がつらなり、広大な無人地帯になっている。沿岸部《えんがんぶ》には切り立った崖《がけ》がつづくフィヨルドがある。

アイスランドは、「非武装《ひぶそう》の国」として知られている。自国の軍隊を持っていないのだ。ただし、NATO《ナトー》（北大西洋条約機構《きたたいせいようじょうやくきこう》）には加盟《かめい》している。NATO《ナトー》は、北米とヨーロッパ諸国《しょこく》による軍事同盟《どうめい》で、加盟国《かめいこく》は三十一か国（二〇二三年）。アイスランドは、NATO《ナトー》設立時《せつりつじ》からの加盟国《かめいこく》だが、自国の領土内《りょうどない》では、平時に基地《きち》をおかない、核弾頭《かくだんとう》を持たない、加盟国《かめいこく》に軍事活動をさせないことをさだめている。

面積▶10.3万km^2（北海道《ほっかいどう》よりやや大きい）
人口▶39万人
首都▶レイキャビク
言語▶アイスランド語
宗教《しゅうきょう》▶人口の約8割《わり》が福音《ふくいん》ルーテル派《は》（国教）

フェロー諸島《しょとう》とグリーンランドをのぞく
面積▶4.3万km^2（九州とほぼ同じ）
人口▶596万人
首都▶コペンハーゲン
言語▶デンマーク語
宗教《しゅうきょう》▶福音《ふくいん》ルーテル派《は》（国教）

面積▶7万km^2（北海道《ほっかいどう》よりやや小さい）
人口▶512万人
首都▶ダブリン
言語▶アイルランド語（ゲール語）、英語
宗教《しゅうきょう》▶約78%がカトリック教徒

ただし、アイスランドはアメリカと二国間防衛《ぼうえい》協定を結んでいて、有事の際《さい》はアメリカによる防衛《ぼうえい》が保障《ほしょう》されている。二〇〇七年以降《いこう》は、ほかのNATO《ナトー》加盟国《かめいこく》によるアイスランド領空《りょうくう》の警戒監視《けいかいかんし》活動が定期的に実施《じっし》され、アイスランド沿岸警備隊《えんがんけいびたい》とNATO《ナトー》加盟国《かめいこく》との共同軍事演習《えんしゅう》も定期的におこなわれている。

アイスランドは犯罪率《はんざいりつ》が低く、ヨーロッパ諸国《しょこく》のなかでも治安《ちあん》がよい国として知られている。スリや置き引きはあるが、暴力的《ぼうりょくてき》な犯罪《はんざい》はめったになく、テロや誘拐《ゆうかい》はほぼ発生していない。銃《じゅう》の所持率《しょじりつ》は高いが、多くは猟銃《りょうじゅう》で、銃《じゅう》による犯罪《はんざい》はほとんどないという。

つぎに、世界で二番めに平和な国を紹介《しょうかい》しよう。これも北欧《ほくおう》のデンマークだ。

デンマークは、北海とバルト海に面して、北側につきだしたユトランド半島と、大小四百以上の島々《しまじま》からなる。海峡《かいきょう》をはさんだ北東側にはスウェーデンがあり、ユトランド半島の南側は地つづきでドイツと接《せっ》している。デンマークはこの本土にくわえて、フェロー諸島《しょとう》とグリーンランドの二つの自治領《じちりょう》から構成《こうせい》されている。

首都のコペンハーゲンは、ユトランド半島の東に位置するシェラン島にある。「北欧《ほくおう》のパリ」などともよばれ、美しい宮殿《きゅうでん》や古い建物がたちならんでいる。北緯《ほくい》は五十五度だが、こちらもメキシコ湾流《わんりゅう》の影響《えいきょう》で、ほかの同緯度《どういど》の地域《ちいき》とくらべると温暖《おんだん》な気候だ。

デンマークもNATO《ナトー》設立時《せつりつじ》の加盟国《かめいこく》で、EU（欧州連合《おうしゅうれんごう》）にも加盟《かめい》している。徴兵制《ちょうへいせい》を採用《さいよう》していて、十八歳《さい》以上の男子は四か月間の兵役《へいえき》の義務《ぎむ》がある。

二〇二二年のロシアによるウクライナ侵攻以降《しんこういこう》、NATO《ナトー》加盟国《かめいこく》のあいだで防衛《ぼうえい》協力の機運が高まり、外交方針《ほうしん》が大きく変化した。デンマークは、ほかのNATO《ナトー》加盟《かめい》国《こく》と協力しながら、ロシアへの経済制裁《けいざいせいさい》および、軍事面をふくむウクライナ支援《しえん》を推進《すいしん》している。また、二〇二三年五月に策定《さくてい》された外交安全保障戦略《ほしょうせんりゃく》においては、NATO《ナトー》をデンマークの国防《こくぼう》・安全保障《ほしょう》の基盤《きばん》とし、アメリカをもっとも重要な同盟《どうめい》国《こく》と位置づけている。

デンマークは、治安《ちあん》が安定していることでもよく知られている。しかし、二〇一九

デンマークの首都、コペンハーゲンの美しい風景。街の中心を運河《うんが》が流れる。

年には、コペンハーゲン市内の国税庁《こくぜいちょう》の庁舎《ちょうしゃ》が爆破《ばくは》される事件《じけん》が発生した。二〇二二年には、コペンハーゲン市郊外《こうがい》のショッピングセンターで、男が銃《じゅう》を乱射《らんしゃ》し、多数の死傷者《ししょうしゃ》が出た事件《じけん》も発生している。二〇二二年は、前年と比較《ひかく》して刑法犯《けいほうはん》の発生件数《けんすう》が一七パーセントも増加《ぞうか》している。

　三番めに平和な国はアイルランドだ。アイルランドは、ヨーロッパ北西部、グレートブリテン島の西に位置するアイルランド島の約八割《わり》を占《し》める国だ。島の北部はイギリス領《りょう》にふくまれる。一九六〇年代後半から、イギリスとアイルランドのあいだで、北アイルランドの領有《りょうゆう》をめぐって紛争《ふんそう》がつづいていたが、二十一世紀《せいき》初頭には沈静化《ちんせいか》している。

アイルランドは、NATO《ナトー》加盟国《かめいこく》ではないが、EUの常設《じょうせつ》軍事協力枠組《わくぐ》みには加盟《かめい》している。経済的《けいざいてき》には、多国籍企業《たこくせききぎょう》をつぎつぎと誘致《ゆうち》して、経済発展《けいざいはってん》につなげている。たとえば、Google《グーグル》やApple《アップル》などのグローバル企業《きぎょう》がアイルランドに欧州拠点《おうしゅうきょてん》をおいている。また、二〇二三年現在《げんざい》で、アイルランドの一人当たりの国内総生産《そうせいさん》（GDP）は、ルクセンブルクについで世界二位にランクされている。

平和度の高い国の四位以下は、つぎのようになる。四位・ニュージーランド、五位・オーストリア、六位・シンガポール、七位・ポルトガル、八位・スロベニア、九位・日本、十位・スイスとなる。上位十か国のうち、ヨーロッパは七か国入っていて、日本は九位と健闘《けんとう》している。

世界の難民《なんみん》問題①

中東・シリアの内戦による被害《ひがい》

UNHCR（国連難民《なんみん》高等弁務官事務所《べんむかんじむしょ》）のレポート「数字で見る難民情勢《なんみんじょうせい》2022」によれば、紛争《ふんそう》や迫害《はくがい》によって故郷《こきょう》を追われた人は、世界で一億八百四十万人いる。

これは、紛争《ふんそう》や迫害《はくがい》、暴力《ぼうりょく》、人権侵害《じんけんしんがい》などによって強制移動《きょうせいいどう》させられた人の数だ。日本の人口に近いことを考えると、あまりにも異常《いじょう》な数に思えてくる。こんなに多くの人たちが、故郷《こきょう》に帰れずに困難《こんなん》な状況《じょうきょう》にあるのだ。

内訳《うちわけ》は、難民《なんみん》が三千五百三十万人、国内避難民《ひなんみん》が六千二百五十万人、庇護《ひご》希望者が五百四十万人、そのほかに国際保護《こくさいほご》を必要としている人が五百二十万人だ。

ここで用語の説明をしておこう。「難民《なんみん》」とは、戦争、紛争《ふんそう》、飢饉《ききん》、人種差別、宗《しゅう》教差別《きょうさべつ》、政治弾圧《せいじだんあつ》、極度の貧困《ひんこん》などの理由で、母国をはなれなければならなくなった人たちのことをさしている。避難《ひなん》する際《さい》に、国内のより安全な地域《ちいき》に移動《いどう》した人たちが「国内避難民《ひなんみん》」だ。「庇護希望者《ひごきぼうしゃ》」とは、母国から逃《のが》れ、ほかの国の避難所《ひなんじょ》にたどり着いて、その国で庇護申請《ひごしんせい》を希望する人をさしている。まだ公式には難民《なんみん》と認定《にんてい》されていない人たちのことだ。

難民《なんみん》や国内避難民《ひなんみん》など、もっとも多くの被害《ひがい》をだしている国はシリアだ。二〇二三年末時点では、難民《なんみん》と国内避難民《ひなんみん》をあわせた人数は千二百万人にものぼる。そのほか、シリア国内で人道援助《えんじょ》を必要としている人が千五百三十万人もいるという。近隣諸国《きんりんしょこく》に逃《のが》れているシリア難民《なんみん》の多くは、都市部で日雇《ひやと》いなどの仕事をしながら生活している。電気や水道の普及《ふきゅう》が不十分な地域《ちいき》で、不衛生《ふえいせい》な環境《かんきょう》のなかでくらす人も少なくない。難民《なんみん》として逃《のが》れた先も、けっして高所得《こうしょとく》でゆたかな国とはかぎらない。難民《なんみん》キャンプで支援《しえん》を受けてくらしている人たちもいる。そこでは、安全な水と食料、衛生環境《えいせいかんきょう》がととのえられ、子どもたちには教育の機会があたえられている。内戦

内戦で破壊《はかい》されたシリアの都市、アレッポ。

によるつらい記憶《きおく》や避難《ひなん》生活によるストレスがあっても、これらの支援《しえん》がシリア難民《なんみん》の希望をつないでいる。だが、こうした支援《しえん》を受けられる人の数はかぎられているのだ。

シリアが大量の難民《なんみん》を生みだしつづけている原因《げんいん》は内戦だ。複雑《ふくざつ》かつ長期化している内戦の経緯《けいい》を、少しくわしく説明しよう。

シリア国民の七五パーセントがアラブ人で、一〇パーセントがクルド人だ。国民の八七パーセントがイスラム教徒だという。クルド人とは、トルコ、イラン、イラクなどにまたがって居住《きょじゅう》する山岳《さんがく》民族である。「国家を持たない最大の民族」ともいわれている。

シリアは、一九四六年にフランスから独立《どくりつ》して、正式な独立《どくりつ》国家になった。一九七一年にハーフェズ・アル・アサドが大統領《だいとうりょう》に就任《しゅうにん》し、独裁政権《どくさいせいけん》をしいた。二〇〇〇年に息子のバッシャール・アル・アサドが大統領《だいとうりょう》になり、政権《せいけん》をひきつぐ。

二〇一一年、政府《せいふ》を批判《ひはん》する落書きをした少年たちが逮捕《たいほ》され、拷問《ごうもん》されたことがきっかけでデモが起きた。デモはいっきに拡散《かくさん》していく。このデモは、チュニジアからはじまった民主化運動「アラブの春」に影響《えいきょう》を受けている。あくまでも平和的なデモだったが、政府《せいふ》はこれを武力《ぶりょく》で鎮圧《ちんあつ》した。そのため、各地で反政府勢力《はんせいふせいりょく》がいっせいに蜂起《ほうき》し、内戦に発展《はってん》していった。

アサド政権軍《せいけんぐん》と反政府勢力《はんせいふせいりょく》が戦いをくり広げるあいだ、その混乱《こんらん》に乗じて、二〇一四年、ＩＳＩＬ《アイシル》（イラクとレバントのイスラム国）がシリア北東部のラッカを制圧《せいあつ》。ラッカを首都にすると宣言《せんげん》する。ＩＳＩＬ《アイシル》とは、イスラム教スンニ派《は》の過激派組織《かげきはそしき》で、イラク北西部を中心に勢力《せいりょく》を拡大《かくだい》し、人質《ひとじち》やスパイに対して残虐《ざんぎゃく》な処刑《しょけい》をおこなうなどしていた。こうしてシリアは、アサド政権軍《せいけんぐん》、反政府勢力《はんせいふせいりょく》、ＩＳＩＬ《アイシル》の三つ巴《みどもえ》の戦いになる。

二〇一五年、ロシアがアサド政権《せいけん》に本格的《ほんかくてき》な支援《しえん》をはじめる。ロシアは反政府勢力《はんせいふせいりょく》に対して空爆《くうばく》をおこなって弱体化させる。一方、アメリカは、欧米諸国《おうべいしょこく》や中東諸国《しょこく》と対ＩＳＩＬ《アイシル》有志《ゆうし》連合を組織《そしき》し、ＩＳＩＬ《アイシル》に対して空爆《くうばく》を開始して弱体化させていく。

二〇一七年、対ＩＳＩＬ《アイシル》有志《ゆうし》連合のクルド人部隊がＩＳＩＬ《アイシル》の拠点《きょてん》ラッカを制圧《せいあつ》し、ＩＳＩＬ《アイシル》が壊滅状態《かいめつじょうたい》になる。そして、ロシアの支援《しえん》によってふたたび勢力《せいりょく》を強めたアサド政権軍《せいけんぐん》は、反政府勢力《はんせいふせいりょく》を追いこみ、国土の大半を支配《しはい》していく。状況《じょうきょう》はやや落ち着いたようにも見えたが、シリア北西部では、トルコの支援《しえん》を受けて反政府勢力《はんせいふせいりょく》が抵抗《ていこう》をつづけ、北東部はクルド人勢力《せいりょく》が支配《しはい》している。治安情勢《ちあんじょうせい》はきわめて悪く、交戦もたびたびつづいている。

内戦への他国の介入《かいにゅう》は、紛争《ふんそう》を複雑《ふくざつ》にし、長期化させることにつながる。

アサド政権《せいけん》はイランとロシアの支援《しえん》を受けている。イランはイスラム教シーア派《は》の国だ。イランは、同じシーア派《は》であるシリアの支配層《しはいそう》を支援《しえん》することで、影響力《えいきょうりょく》を強めたい思惑《おもわく》があるようだ。ロシアがアサド政権《せいけん》を支援《しえん》する理由は、数万人いるとされるロシア系《けい》市民を守るためだともいわれている。

トルコが反政府勢力《はんせいふせいりょく》を支援《しえん》するのは、トルコ国内にいるクルド人の独立《どくりつ》運動をおさえるためだとする見方が有力だ。一方、アメリカは、ＩＳＩＬ《アイシル》を壊滅《かいめつ》させるため、そのクルド人勢力《せいりょく》を支援《しえん》してきた。

各国の思惑《おもわく》が複雑《ふくざつ》にからみあっていて、この結び目をほどくことは容易《ようい》ではない。多くの戦争・紛争《ふんそう》と同じように、シリア内戦でも多くの兵士《へいし》が命を失った。それ以上に、多くの市民の命も犠牲《ぎせい》になっている。アサド政権《せいけん》はこの内戦で、無差別に人を殺傷《さっしょう》する化学兵器さえ使用している。

難民《なんみん》として逃《のが》れた人たちも困難《こんなん》な状況《じょうきょう》にあるが、シリア国内でも、八割《わり》の人が貧困《ひんこん》状態《じょうたい》にあるといわれている。かぞえきれない戦火で、多くの病院や学校が破壊《はかい》された。

まだ交戦がつづいている地域《ちいき》では、十分な教育の機会もあたえられていない。家族や友人を殺《ころ》した相手に対する憎悪《ぞうお》をかかえたまま、自分の人生にむきあえるようになる日はやってくるのだろうか。

世界の難民《なんみん》問題②

ミャンマー・ロヒンギャへの迫害《はくがい》

難民《なんみん》を保護《ほご》するための考え方の基礎《きそ》とされているのが「難民条約《なんみんじょうやく》」だ。これは、一九五一年に国連で採択《さいたく》された「難民《なんみん》の地位に関する条約《じょうやく》」と、この条約《じょうやく》を補足《ほそく》するために一九六七年に採択《さいたく》された「難民《なんみん》の地位に関する議定書」のことをさしている。難民条約《なんみんじょうやく》には、難民《なんみん》の定義《ていぎ》や権利《けんり》などとともに、難民《なんみん》を受け入れる側の取るべき方針《ほうしん》も記《しる》されている。とくに大切なのは、つぎの二点とされている。

- 難民《なんみん》の生命や自由がおびやかされる危険性《きけんせい》のある国へ追放したり、強制的《きょうせいてき》に帰還《きかん》させたりしてはいけない。
- 難民《なんみん》が不法に入国したり、不法に滞在《たいざい》したりすることを罰《ばっ》してはいけない。

バングラデシュのコックスバザールの海岸。生活のために子どもがごみを集めている。

いずれも難民《なんみん》を保護《ほご》して生命の安全を確保《かくほ》するためには重要なことだ。

バングラデシュ南東部の街、コックスバザールに、世界最大といわれる難《なん》民《みん》キャンプがある。そこには、隣国《りんごく》のミャンマーから逃《のが》れてきた約九十万人（二〇二三年／UNHCR）のロヒンギャが避難《ひなん》していて、きわめて過密《かみつ》な状態《じょうたい》でくらしている。

ロヒンギャとは、仏教国《ぶっきょうこく》のミャンマーに住むイスラム系《けい》少数民族のこと。古くから国土の南西部に位置するラカイン州でくらしていた。

ロヒンギャは、長いあいだ、ミャンマーの人々《ひとびと》から、民族や宗教《しゅうきょう》のちがいなどによる差別を受けてきた。ミャンマー政府《せいふ》がロヒンギャを差別的にあつかいはじめたのは、一九六二年に軍事政権《せいけん》が誕生《たんじょう》してからだといわれている。政府《せいふ》は、ロヒンギャを国民として認《みと》めなかった。不法移民《いみん》としてあつかい、国籍《こくせき》を剥奪《はくだつ》したのだ。また、政府《せいふ》は軍隊を派遣《はけん》して、財産《ざいさん》を差しおさえて身柄《みがら》を拘束《こうそく》し、強制的《きょうせいてき》に重労働をさせはじめたのだ。迫害《はくがい》がひどくなるたびに、国外へ逃《に》げていくロヒンギャがふえていった。

一九九〇年代に入ると、数十万人のロヒンギャがバングラデシュに避難《ひなん》した。しかし、バングラデシュ側からも不法移民《いみん》としてあつかわれ、UNHCR（国連難民《なんみん》高等弁務官事務所《べんむかんじむしょ》）の仲介《ちゅうかい》によって、ミャンマーに帰還《きかん》させられてしまう。

ロヒンギャを歓迎《かんげい》しないのは、バングラデシュだけではなかった。近隣《きんりん》のタイとマレーシア、インドネシアも、難民《なんみん》として受け入れることをこばんでいた。

その後もミャンマーでは、ロヒンギャへの迫害《はくがい》はつづき、大規模《だいきぼ》な衝突《しょうとつ》も起きた。二〇一二年になると、政府《せいふ》は十数万人のロヒンギャの住居《じゅうきょ》をうばい、収容所《しゅうようじょ》に住まわせて、そこから移動《いどう》することを禁《きん》じている。また、仏教過激派組織《ぶっきょうかげきはそしき》を中心にロヒンギャを国外追放すべきだとする暴動《ぼうどう》も起きている。

二〇一五年、UNHCRがミャンマーに対して、ロヒンギャに市民権《しみんけん》をあたえるように要求するが、それに反発するように、ミャンマー側からの迫害《はくがい》はいっそう強くなっていく。迫害《はくがい》に対抗《たいこう》するロヒンギャの過激派集団《かげきはしゅうだん》の動きが活発化していくと、ミャンマー政府《せいふ》は、それを口実にして、またロヒンギャを攻撃《こうげき》した。

そして、二〇一七年八月、ロヒンギャの武装集団《ぶそうしゅうだん》がミャンマーの警察施設《けいさつしせつ》をつぎつぎと襲撃《しゅうげき》する事件《じけん》が発生した。これをきっかけに、ミャンマー国軍によるロヒンギャ掃討《そうとう》作戦がはじまった。

これにより、罪《つみ》のない多くのロヒンギャの人たちが殺《ころ》された。多くの兵士《へいし》に取りかこまれて銃撃《じゅうげき》され、ナイフで切りつけられ、家を焼かれた。小さな子どもや赤ちゃんも容赦《ようしゃ》なく殺《ころ》され、性的暴行《せいてきぼうこう》も多数あったようだ。「ジェノサイド（民族大量虐殺《ぎゃくさつ》）」ともいわれる大量虐殺《ぎゃくさつ》がくり広げられたのだ。

迫害《はくがい》から逃《のが》れるため、七十万人以上のロヒンギャが国境《こっきょう》を越《こ》えて、バングラデシュに脱出《だっしゅつ》した。多くの人が悲しみにくれながら故郷《こきょう》を追われた。

当初、ロヒンギャの流入をこばんでいたバングラデシュは、十月、八十万人以上を収容《しゅうよう》できる巨大難民《きょだいなんみん》キャンプを設置《せっち》すると発表した。そして、翌月《よくげつ》、バングラデシュとミャンマーの両政府《りょうせいふ》は、ロヒンギャのミャンマーへの帰還《きかん》について協議し、たがいに合意書に署名《しょめい》した。しかし、帰還《きかん》の具体的な道筋《みちすじ》や期限《きげん》は決まらなかった。

この人道的危機《きき》に国際《こくさい》社会は大きく反発した。その後、国連は、ミャンマーによるロヒンギャ迫害《はくがい》を非難《ひなん》する決議を百三十五か国の賛成《さんせい》で採択《さいたく》した。

コックスバザールの難民《なんみん》キャンプには、かぞえきれないほどのバラック（仮設《かせつ》の建《けん》築物《ちくぶつ》）がならび、見わたすかぎり難民《なんみん》たちの家で山がおおいつくされている。

ロヒンギャの人たちの生活環境《かんきょう》は過酷《かこく》だ。仕事につくこともゆるされず、衣食住の最低限《さいていげん》の配給だけでくらしている。そして、毎年、モンスーンの時期には、豪雨《ごうう》で多くの家が浸水《しんすい》する。洪水《こうずい》や地滑《じすべ》りが発生し、家が破壊《はかい》されたり、流されたりすること

ロヒンギャの人たちが生活するコックスバザールの難民《なんみん》キャンプ。

もある。

　ロヒンギャ難民《なんみん》の危機的《ききてき》な状況《じょうきょう》を見れば、難民条約《なんみんじょうやく》が守られているとはいえないかもしれない。しかし、現地《げんち》で支援《しえん》をつづけている人たちがいる。衛生環境《えいせいかんきょう》を整備《せいび》し、仮設住居《かせつじゅうきょ》を補強《ほきょう》し、配給をつづけ、子どもたちに教育の場をあたえようとしている。支援者《しえんしゃ》たちは、この過酷《かこく》な難民《なんみん》キャンプにいても希望を失ってはいない。

　難民《なんみん》キャンプにいるロヒンギャの人たちの多くが、故郷《こきょう》に帰れるなら帰りたいと願っている。「いつだって帰る準備《じゅんび》はできている」と語る人もいる。

だが、ミャンマー政府《せいふ》の態度《たいど》は依然《いぜん》として変わっていない。ロヒンギャの人たちは、故郷《こきょう》の国籍《こくせき》を持つことができない。不法移民《いみん》として「ロヒンギャ」の名称《めいしょう》さえも認《みと》められず、存在《そんざい》自体が否定《ひてい》されているのだ。軍政下《ぐんせいか》にあるミャンマーで、ロヒンギャの安全はいまだに保障《ほしょう》されてはいない。

アフリカ・サヘル地域《ちいき》の被害《ひがい》

アフリカにサヘル地域《ちいき》とよばれる一帯がある。サハラ砂漠《さばく》の南側のふちにそって、大西洋から紅海《こうかい》まで東西に帯状《おびじょう》にのびている地域《ちいき》のことだ。「サヘル」は、アラビア語の岸辺や沿岸《えんがん》を意味する言葉が由来になっている。砂漠《さばく》に面したこの地域《ちいき》は、かつては自然の恵《めぐ》みをたっぷり得《え》ることができるゆたかな場所だった。

しかし、今やこの地域《ちいき》は、気候変動の脅威《きょうい》にさらされ、干《かん》ばつや砂漠化《さばくか》による水不足と食料難《しょくりょうなん》におそわれている。さらには内戦やイスラム原理主義勢力《げんりしゅぎせいりょく》の武力攻撃《ぶりょくこうげき》があり、人道上の危機《きき》にもひんしているのだ。サヘル地域《ちいき》の人々《ひとびと》の多くは、国内外への避難《ひなん》をしいられている。

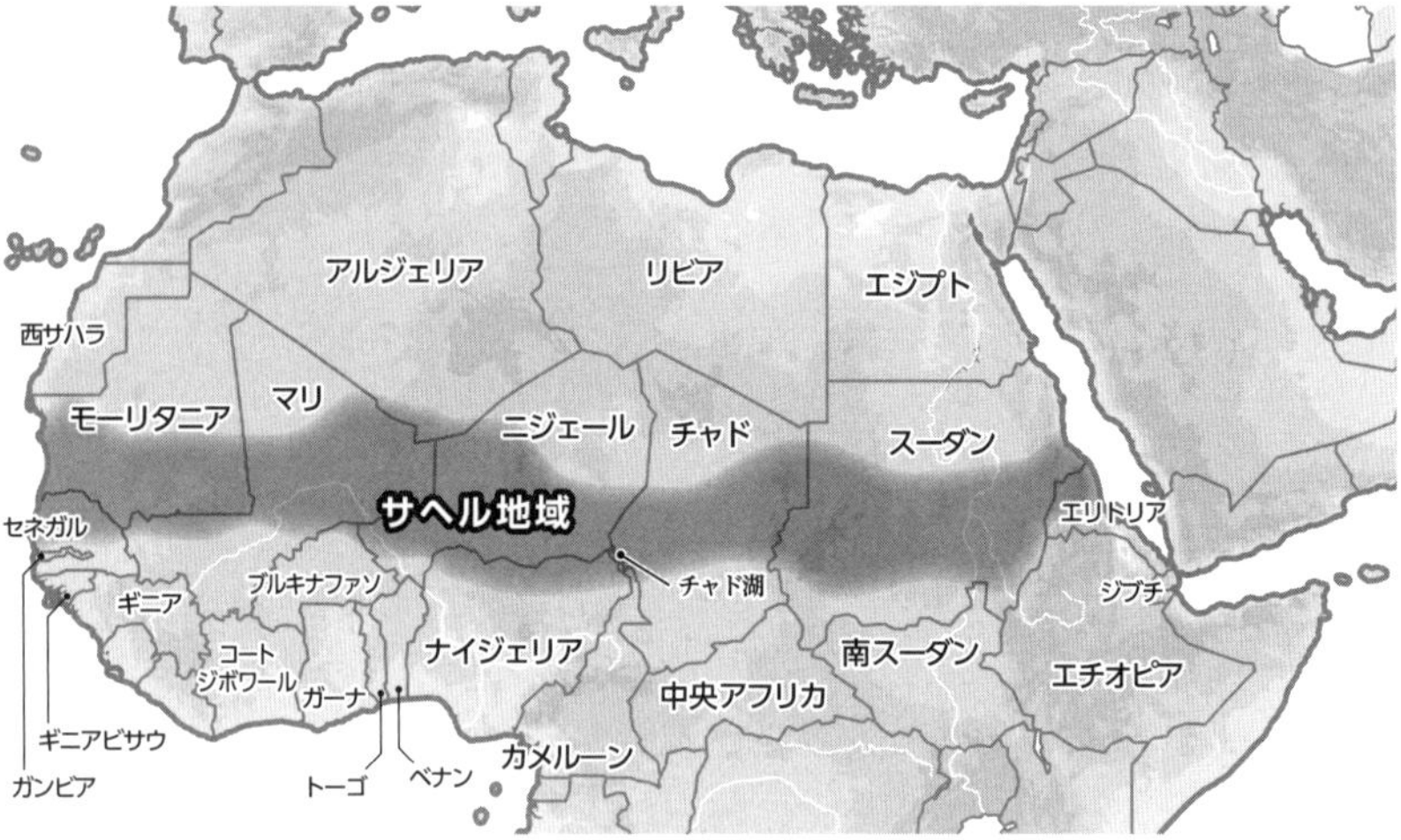

なぜそのような事態《じたい》になっているのか、くわしく見ていこう。サヘル地域《ちいき》にふくまれる国は、西からセネガル、モーリタニア、マリ、ブルキナファソ、ニジェール、ナイジェリア、チャド、スーダン、南スーダン、エリトリアだ。

緑ゆたかな大地だったサヘルは、今や別の名称《めいしょう》でもよばれている。それは「飢餓《きが》ベルト」だ。一帯の住民たちを慢性的《まんせいてき》な食料不足におちいらせているのは人口増加《ぞうか》と砂漠化《さばくか》だ。多くの場所で草がはえずに家畜《かちく》が飼《か》えなくなったり、農地が劣化《れっか》して作物がとれなくなったりしているのだ。

砂漠化《さばくか》は、気候的な要因《よういん》と人為的《じんいてき》な要因《よういん》で起きると考えられている。気候的な要因《よういん》は、地球規模《きぼ》で起こっている気候変動だ。過去《かこ》百年間で、サヘル地域《ちいき》の降水量《こうすいりょう》はいちじるしく減少《げんしょう》した。とくに一九六八年から一九七三年までのあいだに、何度も大干《だいかん》ばつが発生している。また、アフリカ大陸のほぼ中央に位置するチャド湖は、一九六〇年代ごろから降水量《こうすいりょう》の減少《げんしょう》と砂漠化《さばくか》の進行によっていちじるしく小さくなっている。一八七〇年に二万八千平方キロあった湖水面積は、二〇一〇年で千七百平方キロにまで激減《げきげん》した。

砂漠化《さばくか》の人為的《じんいてき》な要因《よういん》はさまざまあり、気候的な要因《よういん》よりも影響《えいきょう》が大きいといわれている。ひとつは家畜《かちく》を放牧しすぎたこと。家畜《かちく》はたくさんの草を食べて生きているため、家畜《かちく》の過剰《かじょう》な放牧は砂漠化《さばくか》につながりやすい。

つぎに、過剰《かじょう》な開墾《かいこん》と耕作《こうさく》もあげられている。開墾《かいこん》して農地をふやし、無計画に作物や穀物《こくもつ》をつくってきたため、しだいに土がやせおとろえてしまい、これも砂漠化《さばくか》につながってしまった。

木を伐採《ばっさい》しすぎたことも砂漠化《さばくか》の要因《よういん》だ。家畜《かちく》が飼《か》えなくなり、作物もとれなくなったため、木を伐採《ばっさい》して新しい畑をつくったり、薪《まき》などを売って生計を立てたりし

セネガルの牛の放牧のようす。

てきたのだ。

ここにあげた要因《よういん》は、どれも人の活動として当たり前のことだ。生きるために家畜《かちく》を放牧し、農地をたがやし、材木を売ってくらしてきただけだといえる。ところが、現実《げんじつ》は、それまで受けていた自然の恵《めぐ》みを、もはや得《え》られなくなっている。人々《ひとびと》は十分な食事さえとれなくなってしまっているのだ。

国際的《こくさいてき》な砂漠化《さばくか》問題に対して、国連は一九九四年、「砂漠化対処条約《さばくかたいしょじょうやく》」を採択《さいたく》した。条約《じょうやく》の正式名称《めいしょう》は「深刻《しんこく》な干《かん》ばつまたは砂漠化《さばくか》に直面する国（特にアフリカの国）において砂漠化《さばくか》に対処《たいしょ》するための国際連合条約《こくさいれんごうじょうやく》」。砂漠化《さばくか》に対処《たいしょ》し、干《かん》ばつの影響《えいきょう》を緩和《かんわ》することを目的とした条約《じょうやく》だ。

サヘル地域《ちいき》でも、この条約《じょうやく》のもとで国際《こくさい》協力が進められてきた。荒廃《こうはい》してしまった土地と水資源《みずしげん》を回復《かいふく》させ、土地の生産性《せいさんせい》を向上させ、地域《ちいき》社会で持続できるように改《かい》善《ぜん》することが進められてきた。

ブルキナファソのタカバングゥ村では、日本のＮＧＯ（非政府組織《ひせいふそしき》）が支援《しえん》し、住民が主体となって砂漠化防止《さばくかぼうし》に取り組んできた。雨による土壌《どじょう》の流出を石を積んでふせぐほか、作物の収穫《しゅうかく》をふやすために、栽培《さいばい》場所に穴《あな》を掘《ほ》って水がたまりやすくするなどしたという。

しかし、サヘル地域《ちいき》の砂漠化《さばくか》はおさまっていない。いまだに極度の貧困《ひんこん》地域《ちいき》であり、いっそうの国際支援《こくさいしえん》が求められている。

こうして人々《ひとびと》が砂漠化《さばくか》とたたかっているなか、マリ、ブルキナファソ、ニジェールなどではクーデターや内戦が起きている。

農作業をおこなうブルキナファソの人たち。

マリでは、二〇一二年に分離独立派《ぶんりどくりつは》による武装蜂起《ぶそうほうき》があり、つづけてイスラム原理主義勢力《げんりしゅぎせいりょく》による暴動《ぼうどう》、政府軍《せいふぐん》内部のクーデターによる政権転覆《せいけんてんぷく》というように、武力衝突《ぶりょくしょうとつ》が激化《げきか》していく。二〇二〇年以《い》降《こう》もクーデターが発生して、政権《せいけん》がかわっている。

ブルキナファソでも、二〇一五年に大《だい》統領警備隊《とうりょうけいびたい》の兵士《へいし》たちによるクーデターが勃発《ぼっぱつ》した。全面戦闘《せんとう》は回避《かいひ》されたが、政府《せいふ》が弱体化しているすきに、マリからイスラム原理主義勢力《げんりしゅぎせいりょく》がブルキナファソ北部に侵入《しんにゅう》し、襲撃《しゅうげき》をくりかえしている。

二〇二二年には、国軍兵士《へいし》によるクーデターが二度も起きて、そのたびに政権《せいけん》がかわっている。そして、ニジェールでも二〇一〇年と二〇二三年にクーデターが起きている。

サヘル地域《ちいき》の国々《くにぐに》の政情《せいじょう》不安にくわえ、イスラム原理主義勢力《げんりしゅぎせいりょく》の襲撃《しゅうげき》や、部族間による殺《ころ》しあいもおこなわれ、報復《ほうふく》に対する報復《ほうふく》がくりかえされている。女性《じょせい》や子ども、高齢者《こうれいしゃ》もふくめ、多数の民間人が命を失っている。無差別な殺害《さつがい》や略奪《りゃくだつ》が横行し、住民は命がけの避難《ひなん》をしいられている。難民《なんみん》キャンプに避難《ひなん》できた人たちのなかにも、家族を殺《ころ》された人は少なくない。

サヘル地域《ちいき》の人々《ひとびと》の多くが国内外への避難《ひなん》をしいられている。周辺地域《ちいき》で避難者《ひなんしゃ》たちを受け入れているところもあるが、その地域《ちいき》も砂漠化《さばくか》が進んでいて、経済的《けいざいてき》に困窮《こんきゅう》している。支援物資《しえんぶっし》は圧倒的《あっとうてき》に不足している。二〇二三年現在《げんざい》、このサヘル地域《ちいき》で支《し》援《えん》を必要としている人の数は、難民《なんみん》や国内避難民《ひなんみん》をふくめて数百万人いるといわれている。

UFOが着陸したら法律《ほうりつ》違反《いはん》？

国が変われば法律《ほうりつ》も変わる。そのため、世界には本当にさまざまな法律《ほうりつ》がある。なかには「なんでそんな法律《ほうりつ》があるの？」と首をかしげたくなるようなものもあれば、ちょっと笑ってしまうものもある。ここでは、ネット上で話題にのぼる、思わず声をあげそうになるほどナンセンスな法律《ほうりつ》の話を紹介《しょうかい》しよう。

最初は、カナダの西部に位置するブリティッシュコロンビア州から。雪深くけわしいロッキー山脈《さんみゃく》がある州ならではのこんな法律《ほうりつ》だ。

「雪男を殺《ころ》してはいけない」

くりかえしていうが、これはれっきとした法律《ほうりつ》なのだ。雪男が実在《じつざい》する前提《ぜんてい》でつくられていて、しかも、その雪男の命を守ろうとしている。

もし雪男に遭遇《そうぐう》したら、殺《ころ》すなんてことを考えるよりも、殺《ころ》されないために何をすべきか考えたほうがよいだろう。

この法律《ほうりつ》をつくった人たちは、雪男が本当に実在《じつざい》すると信じていたのだろうか。それとも、いるかどうかはわからないけど、とりあえずつくっておこうとしたのだろうか。今となっては、そんなことはどうでもいいのかもしれない。ここではっきりしているのは、実在《じつざい》が証明《しょうめい》されていないものを対象《たいしょう》にした法律《ほうりつ》をつくることが可《か》能《のう》ということだ。

「法律《ほうりつ》は言葉でできている」という深遠な真実にふれられる法律《ほうりつ》だといえよう。

カナダやアメリカなどは連邦制《れんぽうせい》をしいている。それらの国の法律《ほうりつ》には、全州に適用《てきよう》される連邦《れんぽう》法《ほう》にくわえ、各州に適用《てきよう》される州法がある。同

UFOが着陸したら、ブドウ畑でなくても大ニュースになりそう。

じ国でも、州によって法律《ほうりつ》がちがうことがあるのだ。法律《ほうりつ》は知らないではすまされないため、別の州をおとずれる際《さい》は注意が必要だ。

つぎに紹介《しょうかい》するのはフランスの法律《ほうりつ》だ。くりかえしていうが、これもれっきとした法律《ほうりつ》だ。

「ブドウ畑の上にUFOを着陸させてはいけない」

あきらかに宇宙人《うちゅうじん》にむかって物申している法律《ほうりつ》だ。さすがはフランス革命《かくめい》を起こした国。フランスにやってきたのなら、フランスの法律《ほうりつ》にしたがってもらうのは当然なのだ。それは王様だろうが、貴族《きぞく》だろうが、庶民《しょみん》だろうが、宇宙人《うちゅうじん》だろうが、みんな同じというわけだ。

それにしても、なぜブドウ畑に限定《げんてい》しているのだろう。フランスはワイン大国だから、ブドウ畑が大切なのはわかる。では、ほかの場所なら着陸してもゆるしてくれるということなのか。もしかしたら、宇宙人《うちゅうじん》がフランスにやってきたら、自慢《じまん》のワインでも飲ませようとしているのではないだろうか。

つぎに紹介《しょうかい》するナンセンスな法律《ほうりつ》は、カナダ全域《ぜんいき》にわたって効力《こうりょく》のある連邦法《れんぽうほう》で、飛行機の搭乗《とうじょう》のしかたについてふれたものだ。

「飛行中の航空機《こうくうき》に乗りこむことは違法《いほう》である」

飛行中の航空機《こうくうき》にどうやったら乗りこめるのだろうか。わざわざ法律《ほうりつ》で禁止《きんし》しなくても、そんな命がけの行為《こうい》をする人なんて、いやしないのではないだろうか。

しかし、法律《ほうりつ》とは、起こりうることを想定してつくるものだ。もしかしたら、どこかの国のスパイが実際《じっさい》にこれをやったことがあったのか。それとも、スーパーマンかスパイダーマンのような超人《ちょうじん》を想定してつくったのだろうか。

つぎは、アメリカの北東部に位置し、大西洋に面するニュージャージー州の法律《ほうりつ》だ。もしかしたら、この法律《ほうりつ》のどこがへんなのか、すぐにはわからないかもしれない。それはこんな法律《ほうりつ》だ。

「犯人《はんにん》は防弾《ぼうだん》チョッキを着て犯罪《はんざい》をおかしてはならない」

これから法律《ほうりつ》をおかそうとする人物が、この法律《ほうりつ》だけは守ろうとするなんてことがあるだろうか。「着るな」と言われたら、犯人《はんにん》は逆《ぎゃく》に着たくなってしまうのではないだろうか。そもそも、これはどんな罪《つみ》をおかそうとしている犯人《はんにん》を想定しているのだろうか。つぎからつぎへと疑問《ぎもん》がわいてくる。

でも、これは、どうやら犯人《はんにん》に防弾《ぼうだん》チョッキを着させないようにするための法律《ほうりつ》ではないようだ。犯人《はんにん》がおかした罪《つみ》に対する刑罰《けいばつ》に、さらに何年か重い刑罰《けいばつ》をくわえるためにあるらしい。じつによく考えられた法律《ほうりつ》なのだ。

つぎに紹介《しょうかい》するのは、アメリカの西部に位置するネバダ州の法律《ほうりつ》だ。あまりにもバ

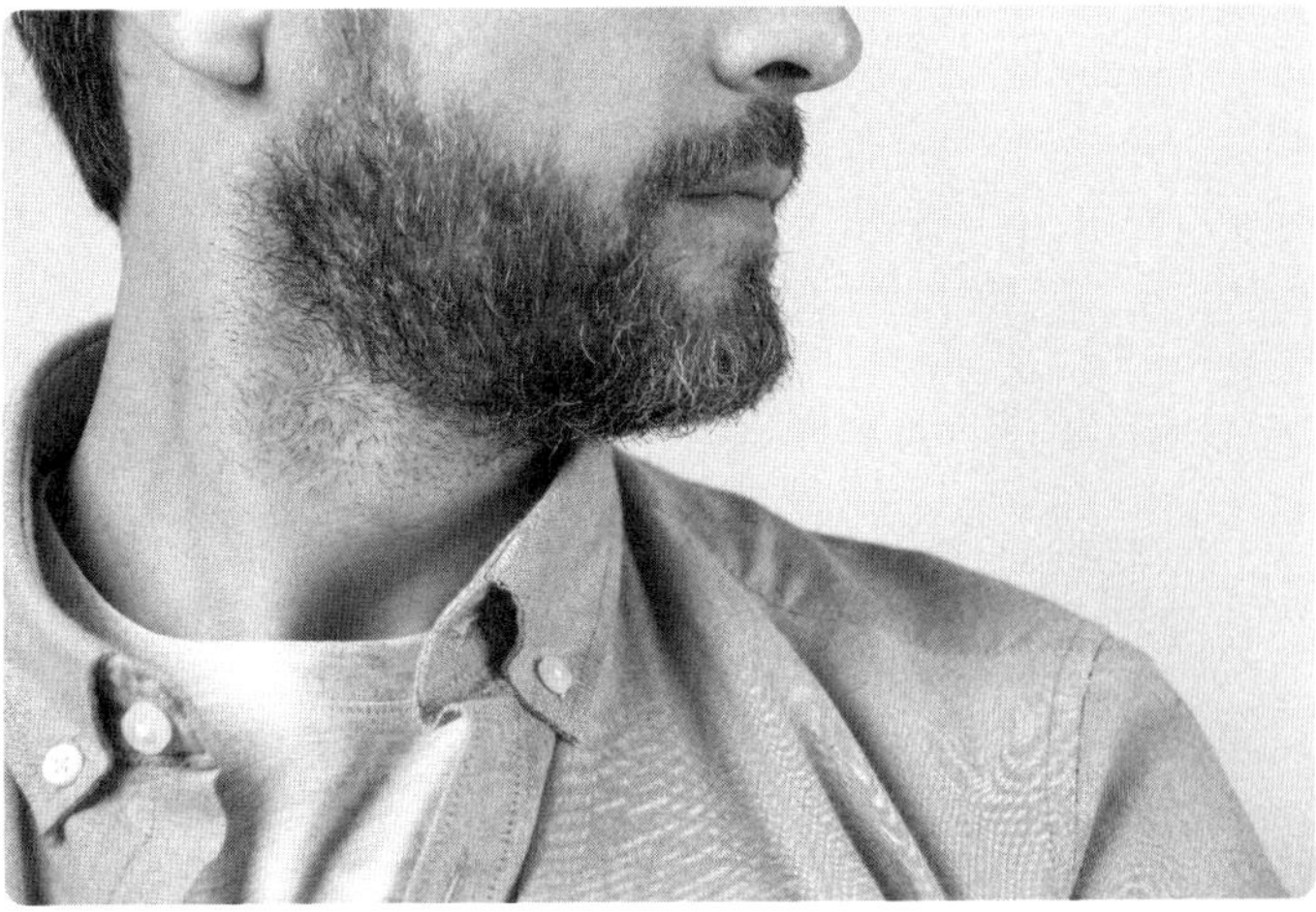

パートナーのひげが好きだという人も少なくないはず。ひげづらだとキスができないという法律《ほうりつ》は、どういう経緯《けいい》でつくられたのだろう。

カバカしい法律《ほうりつ》なのだが、これに該当《がいとう》する人は怒《いか》り心頭《しんとう》かもしれない。それはこんな法律《ほうりつ》だ。

「ひげづらでキスしてはいけない」

おそらくは、キスをする際《さい》にひげがちくちくささって痛《いた》いからなのだろうが、わざわざ法律《ほうりつ》にまでする必要があるのだろうか。当人同士《どうし》で解決《かいけつ》すればいいのではないだろうか。

とはいえ、ネバダ州にはひげをはやしている男性《だんせい》がたくさんいるようだから、多くの人はあまりこの法律《ほうりつ》のことを気にしてはいないようだ。

最後は、アメリカのハワイ州の法律《ほうりつ》を紹介《しょうかい》しよう。これがいったいなんのための法《ほう》律《りつ》なのかは、まったく見当がつかない。それはこんな法律《ほうりつ》だ。

「耳の中にコインを入れるのは違法《いほう》である」

これについては何も語らないことにしよう。みなさんは、なぜこの法律《ほうりつ》がつくられたと思うだろうか。

ここまで、世界のナンセンスすぎる法律《ほうりつ》を紹介《しょうかい》してきた。もしかしたら、日本の法《ほう》律《りつ》にも、ナンセンスなものがこっそりひそんでいるかもしれない。

アメリカの銃社会《じゅうしゃかい》問題①

コロンバイン高校銃乱射事件《じゅうらんしゃじけん》

銃《じゅう》の所持について考えてみたい。

日本においては、銃《じゅう》は原則《げんそく》として持つことができない。例外として、狩猟《しゅりょう》や有害鳥《ちょう》獣駆除《じゅうくじょ》、標的射撃《しゃげき》などの目的による所持や、警察官《けいさつかん》、海上保安官《ほあんかん》などの所持は認《みと》められている。標的射撃《しゃげき》とは、標的である的《まと》にむかって銃《じゅう》を発射《はっしゃ》することで、公営《こうえい》や民間の射撃場《しゃげきじょう》でのみ銃《じゅう》を使用することができる。世界的に見ても、日本の銃規制《じゅうきせい》はかなり厳《きび》しいといわれている。

世界では銃《じゅう》の所持を、どのように規制《きせい》しているのだろうか。

銃《じゅう》の所持については制限《せいげん》している国が多く、寛容《かんよう》な国は少数である。日本以外で、

厳《きび》しい銃規制《じゅうきせい》をしている国には、中国、韓《かん》国《こく》、北朝鮮《きたちょうせん》、シンガポール、インドネシア、インド、イギリス、ルーマニアなどがある。韓国《かんこく》は、徴兵制《ちょうへいせい》がしかれていて、兵役《へいえき》のときは銃《じゅう》の訓練を受けるが、国民の銃《じゅう》の所有《しょゆう》率《りつ》はかなり低い。インドでは、銃弾《じゅうだん》の製造《せいぞう》と販売《はんばい》は政府《せいふ》が独占権《どくせんけん》を持っていて、銃《じゅう》の違法《いほう》所持に対しては終身刑《しゅうしんけい》を科すこともあるようだ。

銃《じゅう》の所持に寛容《かんよう》な国といえば、やはりアメリカだろう。アメリカでは、基本的《きほんてき》に国民が銃《じゅう》を所持することを認《みと》めている。国民の権利《けんり》として銃《じゅう》の所有が認《みと》められているのだ。世界でもっとも銃《じゅう》の所有率《しょゆうりつ》が高い国がアメリカで、人口の約四割《わり》の人が銃《じゅう》を持つといわれている。アメリカは世界で唯一《ゆいいつ》、人口よりも保有《ほゆう》している銃《じゅう》の数のほうが多い国なのだ。

では、なぜ銃《じゅう》を持つのだろうか。世論調査《よろんちょうさ》では、アメリカ人の多くが「個人的《こじんてき》な安全を確保《かくほ》するため」とこたえているという。つまり、護身用《ごしんよう》として銃《じゅう》を所持していたいと考えているのだ。

しかし、アメリカでは、殺人《さつじん》、自殺《じさつ》、誤射《ごしゃ》などをふくめて、銃《じゅう》による死亡者《しぼうしゃ》が毎年、数万人もいる。一般《いっぱん》市民による銃犯罪《じゅうはんざい》がひんぱんに起きていて、無残きわまりない銃《じゅう》乱射事件《らんしゃじけん》も後を絶《た》たない。

一九九九年四月二十日、コロラド州のコロンバイン高校で、人々《ひとびと》を戦慄《せんりつ》させる事件《じけん》が起きた。十八歳《さい》のエリック・ハリスと十七歳《さい》のディラン・クレボルドが、この高校の卒業を間近にひかえた時期のできごとだった。

午前十一時十分、エリックとディランはそれぞれ車を運転して、コロンバイン高校に到着《とうちゃく》。別々《べつべつ》の駐車場《ちゅうしゃじょう》に入って車からおりた。二人ともトレンチコートを着ている。一階のカフェテリアでは、もうすぐランチがはじまる時間だった。二人はカフェテリアに入ると、時限爆弾《じげんばくだん》を入れた二つのダッフルバッグをおいた。それには、カフェテリアのある建物全体を破壊《はかい》するのに十分な爆薬《ばくやく》が入っていた。

二人は、それぞれ自分の車にもどって爆発《ばくはつ》を待った。しかし、予定した時刻《じこく》になっても爆発《ばくはつ》しない。二人は、それぞれ弾薬《だんやく》や爆弾《ばくだん》を詰《つ》めた別のバッグを持ち、武器《ぶき》を詰《つ》めこんだバックパックを背負《せお》って、ふたたびカフェテリアにむかった。

十一時十九分、無差別の銃撃《じゅうげき》がはじまる。二人はショットガン（散弾銃《さんだんじゅう》）、半自動カービン（小型《こがた》のライフル銃《じゅう》）、半自動拳銃《けんじゅう》、それにパイプ爆弾《ばくだん》と火炎瓶《かえんびん》などの武器《ぶき》を用意していた。

逃《に》げまどう生徒たちのなかには、見知った顔もたくさんいたはずだ。しかし、二人は、外で昼食をとっている二人の生徒にむけて発砲《はっぽう》。一人を射殺《しゃさつ》し、もう一人に重傷《じゅうしょう》を負わせた。それから、階段《かいだん》をのぼろうとしていた生徒たちや、カフェテリアの入り口にすわる生徒たちを銃撃《じゅうげき》。ディランは至近距離《しきんきょり》で一人を撃《う》ちぬいた。

十一時二十四分、学校に配属《はいぞく》されていた保安官補《ほあんかんほ》が現場《げんば》に到着《とうちゃく》する。保安官補《ほあんかんほ》はエリックと撃《う》ちあうが、後退《こうたい》して無線で応援《おうえん》を要請《ようせい》した。

十一時二十九分、五十数人の生徒や教師《きょうし》などがかくれていた二階の図書館に、エリックとディランが侵入《しんにゅう》。本棚《ほんだな》にむけて発砲《はっぽう》し、机《つくえ》の下に身をひそめていた人たちを一人ひとり追いつめながら銃撃《じゅうげき》していく。

十一時四十二分、エリックとディランは、銃撃《じゅうげき》をやめて図書館から出ると、階段《かいだん》をおりてカフェテリアにむかう。エリックは、最初においていた爆弾《ばくだん》のひとつを銃《じゅう》で撃《う》ったが、爆発《ばくはつ》はしなかった。つぎに火炎瓶《かえんびん》を投げたが、その火炎瓶《かえんびん》も炸裂《さくれつ》することはなかった。

その後、しばらくしてから、二人はふたたび階段《かいだん》をあがって図書館へともどっていく。そして、午後〇時二分、二人はそれぞれ、銃口《じゅうこう》を自分にむけて自殺《じさつ》した。

この事件《じけん》では、生徒十二人と教師《きょうし》一人が命を失い、二十四人の生徒が負傷《ふしょう》した。高校の在校生《ざいこうせい》による凄惨《せいさん》な銃乱射事件《じゅうらんしゃじけん》に全米が震撼《しんかん》した。

のちにわかったことだが、エリックとディランは、計画を実行するために、二年以上もかけて周到《しゅうとう》に準備《じゅんび》をしていたという。そのあいだ、二人の親や知り合いは、だれ一人として計画に気づくことができなかった。エリックたちが銃《じゅう》や爆弾《ばくだん》を入手していたことを知っていた友人もいたが、まさかそれが大事件《だいじけん》につながるとは思いもしなかったという。

エリックとディランの明確《めいかく》な動機はわかっていない。二人はそれぞれ、ちがった動機を持っていたともいわれている。どちらもいじめられていた時期があり、学校でひどく孤立《こりつ》していたが、そのことがいっそう二人の結束をかためることになったと語る生徒もいる。

犯罪学《はんざいがく》や心理学の専門家《せんもんか》たちによれば、残されたエリックの文章からは、支配欲《しはいよく》や自己顕示欲《じこけんじよく》、尊大《そんだい》さや怒《いか》りなどが読み取れたという。また、ディランの文章からは、さびしさや憂鬱《ゆううつ》さ、愛への渇望《かつぼう》、自殺《じさつ》願望などが読み取れたという。

どのような動機であっても、この二人が多くの人命をうばった罪《つみ》は重い。十七、八歳《さい》の若《わか》い人間が犯人《はんにん》だという事実もさることながら、人が人を無差別に銃撃《じゅうげき》する残虐《ざんぎゃく》さ、大勢《おおぜい》がにぎわう昼時にカフェテリアを爆破《ばくは》しようと計画する冷酷《れいこく》さは、人々《ひとびと》をあらためて恐怖《きょうふ》におとしいれた。

この事件《じけん》からは、高校生がいとも簡単《かんたん》に銃《じゅう》を入手できるというアメリカ社会の現実《げんじつ》がうかびあがってくる。アメリカでは、その後も同じような痛《いた》ましい銃乱射事件《じゅうらんしゃじけん》が何度も起きている。

アメリカの銃《じゅう》社会《しゃかい》問題②

ロブ小学校銃乱射事件《じゅうらんしゃじけん》

もうひとつ、アメリカの銃乱射事件《じゅうらんしゃじけん》を紹介《しょうかい》しよう。

二〇二二年、テキサス州のロブ小学校で起きた銃乱射事件《じゅうらんしゃじけん》だ。ロブ小学校に在籍《ざいせき》する児童は六百人ほど。犯行《はんこう》は十八歳《さい》の男によるもので、この小学校の卒業生だという。十八歳《さい》の誕生日《たんじょうび》を迎《むか》えたつぎの日、男はAR15型《がた》半自動小銃《しょうじゅう》（ライフル銃《じゅう》）を購入《こうにゅう》していた。この銃《じゅう》は、引き金を引くと自動で新たな銃弾《じゅうだん》が装塡《そうてん》される仕組みになっている。男のSNSには、銃《じゅう》を持ってポーズをとる自分の姿《すがた》が投稿《とうこう》されていた。男は事《じ》件《けん》の二か月ほど前から、母親の家を出て、祖父母《そふぼ》の家に住んでいたという。

事件《じけん》があったのは五月二十四日の午前十一時十分ごろのこと。男は、自分の祖母《そぼ》を銃撃《じゅうげき》し、ドイツ在住《ざいじゅう》の少女に、SNSで「祖母《そぼ》を撃《う》った」とつげた。そして、「小学

校を襲撃《しゅうげき》するつもりだ」と予告《よこく》した。
男はトラックを運転し、ロブ小学校の近くで側溝《そっこう》につっこむと、ライフル銃《じゅう》を持って、トラックからおりた。小学校にむかう途中《とちゅう》、二人の人物がようすを見にきたので、男は銃《じゅう》をかまえて発砲《はっぽう》する。しかし、弾《たま》は当たらなかった。
十一時三十分、男を目撃《もくげき》した小学校の教師《きょうし》が警察《けいさつ》に通報《つうほう》。男は学校の外から発砲《はっぽう》し、窓《まど》ガラスを割《わ》った。警察官《けいさつかん》の車が現場《げんば》に到着《とうちゃく》したが、男を犯人《はんにん》と思わず、素通《すどお》りしてしまう。男はなんなく建物に侵入《しんにゅう》することができた。
十一時三十三分、男は一一一教室と、それ

につながっている一一二教室に子どもたちを閉《と》じこめ、殺戮《さつりく》を開始する。男が教室のドアを閉《し》めると、子どもたちに「おまえたちは全員死ぬんだ」とつげ、教師《きょうし》には「おやすみ」と言って銃《じゅう》の引き金を引いた。男が発砲《はっぽう》しはじめると、子どもたちの泣《な》き叫《さけ》ぶ声が聞こえた。

三人の警察官《けいさつかん》が男のいる教室に近づいたが、はげしい銃撃《じゅうげき》にあう。警察官《けいさつかん》たちが厳《げん》重《じゅう》な装備《そうび》をする準備《じゅんび》をはじめる一方、校内の別の場所にいる子どもたちは避難《ひなん》をはじめた。

午後〇時三分、警察官《けいさつかん》たちが廊下《ろうか》に集結する。教室にはまだ八、九人の生存者《せいぞんしゃ》がいたが、現場《げんば》の指揮官《しきかん》は、救出《きゅうしゅつ》すべき人はすでにいないと勘違《かんちが》いし、突入《とつにゅう》せずに待機することにした。しかし、教室内にいた子どもたちから通報《つうほう》があり、まだ教室内に生存《せいぞん》者《しゃ》がいることが判明《はんめい》する。

〇時十五分、国境警備《こっきょうけいび》隊員が現場《げんば》に到着《とうちゃく》する。そして、〇時五十分、国境警備《こっきょうけいび》隊員がマスターキーで教室の鍵《かぎ》をあけて突入《とつにゅう》。男はクローゼットの中から銃《じゅう》を撃《う》ちつづけ

たが、ついに射殺《しゃさつ》される。
　この残虐《ざんぎゃく》な事件《じけん》は、十九人の児童と二人の教師《きょうし》の命をうばった。犯行《はんこう》の動機はいまだに解明《かいめい》されていない。その場にいた子どもや教《きょう》師《し》は、どれほどの恐怖《きょうふ》を味わっただろうか。生き残った子どもたちのなかには、身をひそめて死んだふりをしたという者もいた。
　地元の人たちは事件《じけん》に大きな衝撃《しょうげき》を受けた。「遺族《いぞく》のことを思うと、胸《むね》が張《は》りさけそうだ」という声が聞かれた。「学校こそ安全であってほしい場所なのに」「だれであれ、こんな目にあうべきではない」といった声もあった。
　子どもたちの精神的《せいしんてき》苦痛《くつう》が消えるのは、い

つになるだろうか。事件後《じけんご》、この小学校の校舎《こうしゃ》で授業《じゅぎょう》が再開《さいかい》されることはなかった。子どもたちは、同じ学区内の別の小学校に通うか、移転《いてん》した新しいロブ小学校に通うことになった。そして、教師《きょうし》たちもその新しい学校にうつっている。

日本では、銃《じゅう》による死者は毎年一人か数人ほどだ。それに対して、アメリカでは、毎年二万件《けん》以上も銃《じゅう》による殺人事件《さつじんじけん》が起きている。まるで内戦状態《じょうたい》だという人もいる。これだけ銃《じゅう》による暴力《ぼうりょく》がまん延《えん》していると、護身用《ごしんよう》として銃《じゅう》を持っておきたいと考えるのも当然かもしれない。

実際《じっさい》、ロブ小学校銃乱射事件《じゅうらんしゃじけん》の犯人《はんにん》も、銃《じゅう》を合法的に購入《こうにゅう》していた。そして、事件《じけん》の前までに、千六百発以上の弾薬《だんやく》を入手している。テキサス州では、たばこやお酒、拳銃《けんじゅう》を買えるのは二十一歳《さい》からだが、ライフル銃《じゅう》は、それより若《わか》い十八歳《さい》から買える。その年齢《ねんれい》になれば、親の同意を得《え》ずにガンショップなどで銃《じゅう》を自由に購入《こうにゅう》できる。

そもそも、国民に銃《じゅう》の所持がゆるされている根拠《こんきょ》はアメリカ合衆国憲法《がっしゅうこくけんぽう》にある。

「規律《きりつ》ある民兵団《みんぺいだん》は、自由な国家の安全にとって必要であるから、国民が武器《ぶき》を保有《ほゆう》

テキサス州（アメリカ）でおこなわれた銃《じゅう》の規制《きせい》をうったえる集会。

し、携帯《けいたい》する権利《けんり》は侵《おか》してはならない（アメリカ合衆国憲法修正第《がっしゅうこくけんぽうしゅうせいだい》二条《じょう》）」

この条文《じょうぶん》が採択《さいたく》されたのは一七九一年。アメリカが独立《どくりつ》を宣言《せんげん》をしてから、わずか十五年後のことだ。

アメリカで、この条文《じょうぶん》の解釈《かいしゃく》について争われたことがあった。武器《ぶき》を保有《ほゆう》し、携帯《けいたい》する権利《けんり》は、民兵団《みんぺいだん》もしくは民兵団《みんぺいだん》に所属《しょぞく》する一員の権利《けんり》なのか、それとも、すべての個人《こじん》の権利《けんり》なのかという問題である。

二〇〇八年、アメリカ連邦最高裁《れんぽうさいこうさい》は、この条文《じょうぶん》は個人《こじん》が自宅《じたく》で銃《じゅう》を保有《ほゆう》する権《けん》利《り》を保障《ほしょう》していると判断《はんだん》した。さらに二〇二二年六月、連邦最高裁《れんぽうさいこうさい》は、公共の場での銃《じゅう》の携帯《けいたい》を制限《せいげん》したニューヨーク州法を違憲《いけん》とする判断《はんだん》をくだしている。憲法修正第《けんぽうしゅうせいだい》二条《じょう》は、個人《こじん》が自宅《じたく》で保有《ほゆう》するだけでなく、自宅外《じたくがい》で銃《じゅう》を持つ権利《けんり》をも保障《ほしょう》しているという初の解釈《かいしゃく》をしめしたのだ。

アメリカでは、銃乱射事件《じゅうらんしゃじけん》のような事件《じけん》が起きるたびに、銃《じゅう》の規制《きせい》を強化すべきだという声があがる。どうして、子どもたちが学校で射殺《しゃさつ》されることを容認《ようにん》するような社会になってしまったのか。命さえ守ることができないのに、自由を守ることになんの意味があるのか。そんな意見さえ聞かれる。

銃規制《じゅうきせい》の強化の是非《ぜひ》については、これまで何度も議論《ぎろん》が再燃《さいねん》しているが、いっこうに進んでいない。

アメリカの銃《じゅう》社会《しゃかい》問題③

銃誤射《じゅうごしゃ》による被害《ひがい》

「銃《じゅう》は護身用《ごしんよう》として持っていたい」

そう考えるアメリカ人は少なくない。しかし、銃《じゅう》を持つと、家族の命をうばってしまう危険性《きけんせい》もあるのだ。

二〇一三年四月三十日、ケンタッキー州でのできごとだ。母親が五歳《さい》の息子と二歳《さい》の娘《むすめ》をおいて、ほんの数分ほど家をはなれた。息子は部屋のすみから、小型《こがた》ライフル銃《じゅう》を持ちだして遊びはじめた。そのうちにあやまって発砲《はっぽう》し、銃弾《じゅうだん》が妹の胸《むね》に当たって死なせてしまった。

州警察《しゅうけいさつ》によると、家族は、ライフル銃《じゅう》を安全な場所に保管《ほかん》していたつもりだったと

こたえた。そして、銃《じゅう》に実弾《じつだん》が入っていることには気づかなかったという。
　このライフル銃《じゅう》は、前年の十一月、男の子が誕生日《たんじょうび》プレゼントとして親からもらったものだった。「マイ・ファースト・ライフル（わたしのはじめてのライフル）」をキャッチフレーズに、子どもむけに販売《はんばい》されている小型《こがた》ライフル銃《じゅう》だ。この地域《ちいき》で、親が子どもに銃《じゅう》をあたえることはさほどめずらしくないという。アメリカでは、今も子ども用のライフル銃《じゅう》が売られている。
　また、こんな事故《じこ》も起きている。
二〇一四年十二月三十日、アイダホ州の大

手スーパーで、なんとも痛《いた》ましい事故《じこ》が起きた。母親の年齢《ねんれい》は二十九歳《さい》。その日、二歳《さい》の息子と三人のめいっ子をつれて買い物をしていた。母親は、数日前に夫からクリスマスプレゼントとして贈《おく》られたハンドバッグを手にしていた。護身用《ごしんよう》だろうか、母親はそのハンドバッグに銃《じゅう》を入れていた。

夫婦《ふうふ》は事故《じこ》があった年の五年前に結婚《けっこん》していて、ともに銃《じゅう》の愛好家だった。二人で射撃《しゃげき》練習場や狩猟《しゅりょう》に行っていたという。プレゼントのハンドバッグは、銃《じゅう》を収納《しゅうのう》して持ち運ぶためにデザインされたものだ。母親は、他人から見えない状態《じょうたい》で銃《じゅう》を携行《けいこう》する許可証《きょかしょう》を持っていた。

母親と息子とめいっ子たちは、家電製品《せいひん》の売り場にいた。ショッピングカートに乗っていた息子が、母親のバッグの中に手を入れて、内ポケットのファスナーを器用にあけた。そして銃《じゅう》をにぎると、小さな指が引き金を引いた。銃声《じゅうせい》がフロアにひびきわたる。頭部に銃弾《じゅうだん》を受けて母親は亡《な》くなった。

もうひとつの悲劇《ひげき》は、二〇二三年三月、テキサス州のあるアパートで起きた。

その日は、ちょっとした集まりがあった。四歳《さい》の姉と三歳《さい》の妹は寝室《しんしつ》にいた。別の部屋には、姉妹の両親と、親戚《しんせき》や友人の五人の大人《おとな》たちがいた。大人《おとな》たちは、銃声《じゅうせい》を聞いて、あわてて寝室《しんしつ》にかけこんだ。すると、姉が床《ゆか》にたおれていて、意識《いしき》はなかった。救急車《きゅうきゅうしゃ》がよばれたが、その場で姉の死亡《しぼう》が確認《かくにん》された。姉妹は、寝室《しんしつ》で見つけた銃《じゅう》で遊んでいたのだろうか。妹には銃《じゅう》を撃《う》つ意図はなく、あやまって発砲《はっぽう》したと見られている。

日本にいては想像《そうぞう》もしにくいことだが、アメリカでは子どもの身近に銃《じゅう》がある。しかし、銃《じゅう》の規制《きせい》強化はなかなか進まない。その理由として考えられることをいくつかあげてみよう。

一つめは「自分の身は自分で守る」という考え方がアメリカ人に深く根づいていることだ。アメリカでは、銃《じゅう》による犯罪《はんざい》が多発している。日々《ひび》、脅威《きょうい》にさらされている人々《ひとびと》の不安や恐怖心《きょうふしん》はかなり強いだろう。自分たちを守ってくれるはずの警察官《けいさつかん》に対しても、根深い不信感がある。また、国土が広いため、通報《つうほう》しても警察官《けいさつかん》がすぐにかけつけられないという物理的な事情《じじょう》もある。

暴漢《ぼうかん》におそわれて生きのびるにはどうしたらいいのか。家族を守るためには何を準《じゅん》備《び》しておくべきか。危険《きけん》ととなりあわせにいると感じている人たちから、自衛《じえい》のための武器《ぶき》を取りあげることは簡単《かんたん》ではない。

二つめは、アメリカが持つ銃《じゅう》そのものへの歴史的《れきしてき》なこだわりだ。イギリスの植民地《しょくみんち》だったアメリ大陸の人たちが銃《じゅう》を手にして独立《どくりつ》戦争を戦い、勝利した。現代《げんだい》でも、銃《じゅう》という自由の象徴《しょうちょう》を持つことをアメリカ人の誇《ほこ》りと感じている人は少なくない。

三つめは、銃《じゅう》という武器《ぶき》そのものが攻撃的《こうげきてき》な行動をうながし、自分が強くなったと錯覚《さっかく》させることだ。怒《いか》りの感情《かんじょう》はだれにでもあり、自分を守るためにも必要だといわれている。自分に害をあたえる敵《てき》に対して怒《いか》りをおぼえ、報復《ほうふく》したいと思う気持ちはごく当然のことだ。

怒《いか》りの感情《かんじょう》を自分でおさえることができないとき、人はなんらかの行動を起こして怒《いか》りを解消《かいしょう》しようとするだろう。もしそばに怒《いか》りを解消《かいしょう》できる道具があったとしたら、人はそれを使うにちがいない。言いかえれば、もし怒《いか》りの対象《たいしょう》を破壊《はかい》できる武器《ぶき》をその手に持っていたら、人は攻撃的《こうげきてき》な行動をとる可能性《かのうせい》が高くなるということだ。

「銃《じゅう》やナイフをはじめて購入《こうにゅう》したとき、力がみなぎる思いがした」と話す人がいる。武器《ぶき》を持つだけで、自分が強くなった気分になるのだ。銃《じゅう》やナイフの魅力《みりょく》に取りつかれた人は、より殺傷能力《さっしょうのうりょく》の高い武器《ぶき》を求めるようになるのかもしれない。

四つめは、アメリカ最大のロビー団体《だんたい》といわれている全米ライフル協会（ＮＲＡ）の存在《そんざい》だ。ロビー団体《だんたい》とは、その団体《だんたい》の利益《りえき》のために、政党《せいとう》、議員、官僚《かんりょう》などにはたらきかける集団《しゅうだん》のことだ。銃産業《じゅうさんぎょう》は巨大《きょだい》ビジネスで、全米ライフル協会の会員は五百万人もいる。全米ライフル協会は活発なロビー活動をつづけていて、多くの連邦《れんぽう》議員に多額《たがく》の寄付《きふ》をするとともに、銃規制《じゅうきせい》を強化しようとする議員が当選しないように強力な活動を展開《てんかい》している。

ところが、アメリカの隣国《りんごく》であるカナダでは、近年、銃規制《じゅうきせい》の強化が進められているのだ。二〇二〇年、カナダではＡＲ15型《がた》半自動小銃《しょうじゅう》（ライフル銃《じゅう》）をはじめとする、

高い殺傷能力《さっしょうのうりょく》を持つ約千五百種類の銃《じゅう》の販売《はんばい》や使用を禁《きん》じた。そして、国民の銃《じゅう》の保有数《ほゆうすう》をへらすため、政府《せいふ》が銃器《じゅうき》を買いとるプログラムを導入《どうにゅう》している。また、ライフル銃《じゅう》だけでなく、拳銃《けんじゅう》の輸入《ゆにゅう》、購入《こうにゅう》、販売《はんばい》、譲渡《じょうと》を禁止《きんし》して、銃《じゅう》を容易《ようい》に入手できない環境《かんきょう》をつくっている。

はたしてアメリカにも、このような銃規制《じゅうきせい》の強化ができる日はくるのだろうか。

チューインガムをかんだら法律《ほうりつ》違反《いはん》？

世界には、日本では考えられないような不思議な法律《ほうりつ》がある。「何もそこまで決めなくてもいいのに」とあきれてしまうほどの極端《きょくたん》さで、だれかにとことんやさしくしてあげている法律《ほうりつ》もあれば、個人的《こじんてき》な恨《うら》みでつくったのではないかと思えるほど厳《きび》しい法律《ほうりつ》もある。ここでは、人々《ひとびと》の話題にもなっている、やさしすぎる法律《ほうりつ》と厳《きび》しすぎる法律《ほうりつ》を紹介《しょうかい》しよう。

まずは、涙《なみだ》が出てしまいそうなほど、とってもやさしい法律《ほうりつ》から。イギリスのスコットランドでつくられた、こんな法律《ほうりつ》だ。

「トイレを使わせてほしいと玄関《げんかん》をノックした人に、トイレを貸《か》さないのは違法《いほう》である」

相手が子どもだったら、すぐにドアをあけるのだろうけど……。

なんて心あたたまる法律《ほうりつ》だろうか。この法律《ほうりつ》をつくったのは、みんな同じ経験《けいけん》をしてきた人たちにちがいない。突然《とつぜん》もよおしたとき、どこを探《さが》してもトイレが見つからないというあの経験《けいけん》を。数分おきにやってくる強烈《きょうれつ》な波に耐《た》え、「なんで家でしてこなかったんだろう」とくやみながら、下腹部《かふくぶ》に力をこめつづける苦しみは、思いだすのも恐《おそ》ろしい。それを救《すく》ってくれるのだから、この世もすてたものじゃないと思わされる法律《ほうりつ》ではないだろうか。

しかし、この法律《ほうりつ》は、だいぶ治安《ちあん》がよ

サモアでは、妻《つま》の誕生日《たんじょうび》をわすれると罰金《ばっきん》が科せられる。

かった時代にできたものだという。さすがに今では、だれかれかまわずトイレを貸《か》すようなことはしていないようだ。とはいえ、スコットランドの人たちがこの法律《ほうりつ》をつくったことだけでも、賞賛《しょうさん》に値《あたい》するのではないだろうか。

ちなみにイギリスの正式な国名は、グレートブリテンおよび北アイルランド連合王国。法制度《ほうせいど》は、グレートブリテン島の南部を占《し》めるイングランドおよびウェールズの法律《ほうりつ》、その北に位置するスコットランドの法律《ほうりつ》、アイルランド島の北東部を占《し》める北アイルランドの法律《ほうりつ》の三つで構成《こうせい》されている。

つぎに紹介《しょうかい》する法律《ほうりつ》は、南太平洋にある島国、サモアの法律《ほうりつ》だ。

「妻《つま》の誕生日《たんじょうび》をわすれることは違法《いほう》である」

この法律《ほうりつ》には大賛成《だいさんせい》だと、力強くうなずく女性《じょせい》は多いかもしれない。とどのつまり、妻《つま》をないがしろにすることは犯罪《はんざい》なのだ。この法律《ほうりつ》では、プレゼントをあげなさいなどと命じているわけではない。誕生日《たんじょうび》をわすれてはいけないと言っているだけなのだ。サモアの夫婦《ふうふ》のあり方をしめす、すばらしい法律《ほうりつ》ではないか。

しかしながら、裏《うら》をかえせば、誕生日《たんじょうび》をわすれる夫が多いからつくられた法律《ほうりつ》だといえなくもない。この罪《つみ》をおかした夫には罰金《ばっきん》が科せられるという。妻《つま》にやさしく、夫に厳《きび》しい法律《ほうりつ》だといえよう。

つぎにフランスの法律《ほうりつ》を紹介《しょうかい》しよう。一瞬《いっしゅん》ドキリとするかもしれないが、こんな法《ほう》律《りつ》だ。

「亡《な》くなった人と結婚《けっこん》することができる」

フランスでは、死者との結婚《けっこん》が認《みと》められているのだ。たとえば、婚約《こんやく》をしている相手が突然《とつぜん》、亡《な》くなってしまったときなどに結婚《けっこん》が認《みと》められる。もし子どもがいた場合は、亡《な》くなった人の子どもにすることもできるという。

ただし、この法律《ほうりつ》で結婚《けっこん》できても、相続は認《みと》められていない。つまり、遺産《いさん》目当てにこの法律《ほうりつ》を利用する人はいないはずだ。愛をつらぬく人を心から応援《おうえん》するフランスらしい法律《ほうりつ》といえよう。

さて、ここからは、体がふるえだすほど厳《きび》しい法律《ほうりつ》を紹介《しょうかい》しよう。まずは、メキシコのこんな法律《ほうりつ》だ。

「国歌を歌いまちがえたら罰金刑《ばっきんけい》」

なんて厳《きび》しい法律《ほうりつ》だろうか。メキシコでは、神聖《しんせい》な国家の歌詞《かし》をまちがえることは、国を侮辱《ぶじょく》していることになるというのだ。国旗も国歌と同じように神聖《しんせい》なもので、国旗をTシャツにプリントすることも罰金《ばっきん》になるという。メキシコは、一八二一年に独立《どくりつ》を果たすまで、三百年ものあいだ、スペインに支配《しはい》されつづけてきた。だから、メ

こんなりっぱなサボテンだったら、切りたおすのも容易《ようい》ではなさそう。

キシコ人は国への思いが強いのだろう。

つぎに、アメリカの南西部に位置するアリゾナ州の法律《ほうりつ》を紹介《しょうかい》しよう。アリゾナ州には乾燥《かんそう》地帯が広がり、グランドキャニオンやソノラ砂漠《さばく》があることでも知られている。みなさんに紹介《しょうかい》したいのは、こんな法律《ほうりつ》だ。

「サボテンを切りたおした者は懲役《ちょうえき》に処《しょ》す」

どれだけサボテンを愛しているのだろうか。アリゾナ州には、たくさんの種類のサボテンがはえていて、なかでも有名なのがサワロサボテン。昔の西部劇《せいぶげき》の映《えい》画《が》でおなじみの、人が両腕《りょううで》を持ちあげたような姿《すがた》で立っている背《せ》の高いサボテンだ。大きいものでは樹齢《じゅれい》百年を超《こ》えるものもあるという。

アリゾナ州では、サボテンを折ったら最長二十五年の懲役刑《ちょうえきけい》が待っているという。日本では、人にけがをさせてしまったら、傷害罪《しょうがいざい》で十五年以下の懲役《ちょうえき》または五十万円以下の罰金《ばっきん》だ。サボテンの損壊《そんかい》は、日本の傷害罪《しょうがいざい》より重い罪《つみ》になるわけだ。

最後に「アジアの宝石《ほうせき》」ともいわれる国、シンガポールの法律《ほうりつ》を紹介《しょうかい》しよう。

「チューインガムは違法《いほう》である」

なんでチューインガムなのだろう。チューインガムにどんな恨《うら》みがあるというのだろう。首をかしげてしまう法律《ほうりつ》だが、観光立国であるシンガポールでは、美しい景観を守るために、非常《ひじょう》に厳《きび》しい措置《そち》がとられている。たしかに、道路にこびりついたチューインガムは、見た目に非常《ひじょう》にきたならしいうえに、なかなか取りにくい。街の清掃《せいそう》をしている人たちにとっては、憎《にく》しみの対象《たいしょう》以外の何物でもないかもしれない。

シンガポールでは、この単なるお菓子《かし》に対して、製造《せいぞう》も販売《はんばい》も、また国内への持ち

子どもでも現行犯《げんこうはん》で罰金《ばっきん》かな。

こみも禁止《きんし》している。違反《いはん》した者には、最大で一万シンガポールドルの罰金《ばっきん》が科せられるという。一シンガポールドルを百十円で換算《かんさん》すると、百十万円になるから、かなりの高額《こうがく》だ。また、シンガポールでは、公共物への落書きに対しても厳《きび》しい対応《たいおう》をとっていて、違反者《いはんしゃ》には「鞭《むち》打《う》ちの刑《けい》」を科すこともあるという。

やさしい法律《ほうりつ》と厳《きび》しい法律《ほうりつ》を紹介《しょうかい》してきた。国や州がちがうだけで、法律《ほうりつ》もこんなにちがったものになる。でも、どの法律《ほうりつ》だって、同じ人間がつくっている。わたしたちは、人間のことをまだほんの少ししかわかっていないのかもしれない。

世界の薬物問題①

大麻《たいま》合法化の危険《きけん》性《せい》

薬物について話をしよう。

日本では薬物を持っているだけで重罪《じゅうざい》になる。それだけ人や社会にあたえる害が大きいということだ。たとえば、大麻《たいま》を所持していれば五年以下の懲役《ちょうえき》、覚醒剤《かくせいざい》を所持していれば十年以下の懲役《ちょうえき》となる。

薬物は、脳《のう》にあたえるおもな作用のちがいで、興奮《こうふん》させる薬物、抑制《よくせい》作用のある薬物、幻覚《げんかく》作用のある薬物の三つに分けることができる。

興奮《こうふん》させる薬物は、脳《のう》を刺激《しげき》して興奮《こうふん》させるもので、眠気《ねむけ》や疲労感《ひろうかん》がなくなり、頭がさえた感覚になる。コカイン、MDMA（俗《ぞく》にエクスタシーとも／幻覚《げんかく》作用もある）、覚醒剤《かくせいざい》（アンフェタミン、メタンフェタミン）などがそれにあたる。

抑制《よくせい》作用のある薬物は、脳《のう》を麻痺《まひ》させるもので、リラックスさせたり、眠《ねむ》らせたりする。大麻《たいま》、ヘロイン、モルヒネなどがそれにあたる。

幻覚《げんかく》作用のある薬物は、実際《じっさい》にはないものが見えたり、聞こえたりする。ＬＳＤ（俗《ぞく》にエル、ペーパー、アシッドとも）、マジック・マッシュルームなどがそれにあたる。

薬物乱用《らんよう》でもっとも怖《こわ》いのが、薬物が人の脳《のう》をおかしてしまうことだ。依存症《いぞんしょう》を引きおこし、精神障害《せいしんしょうがい》を発症《はっしょう》させる。ここで誤解《ごかい》してはいけないのは、薬物乱用《らんよう》とは「薬を何度も使うこと」という意味ではないことだ。「規制《きせい》されている薬を不正に使うこと」または「薬を正しくない方法で使うこと」という意味だ。薬物は、たった一度でも乱用《らんよう》してはいけない。ひとたび脳《のう》がおかされると、もはや元の状態《じょうたい》にはもどせなくなる可能性《かのうせい》が高く、生活していくのにたいへんな支障《ししょう》が出てしまう。また、神経《しんけい》や内臓《ないぞう》にも悪影響《あくえいきょう》をおよぼすことがある。

薬物というものは、一度でも乱用《らんよう》すると、使用したときの快感《かいかん》をふたたび求めたり、使用をやめたときの禁断症状《きんだんしょうじょう》で苦痛《くつう》に耐《た》えきれなかったりするために、薬物をより強く求めるようになる。そればかりか、薬物が少しずつききにくくなり、回数や頻度《ひんど》がどんどんふえていく。そして、薬物を手に入れるために犯罪《はんざい》をおかすようになってしまう。

また、薬物乱用《らんよう》による幻覚《げんかく》や妄想《もうそう》などが殺人《さつじん》、放火、交通事故《じこ》などの重大な犯罪《はんざい》に結びつくこともある。薬物の流通経路《けいろ》には暴力団《ぼうりょくだん》などが関係していることがあって、社会全体の安全をおびやかしてしまうことにもなりかねない。

世界でもっとも使用者の多い薬物は大麻《たいま》だ。大麻《たいま》とは、アサ科の一年草である大麻《たいま》

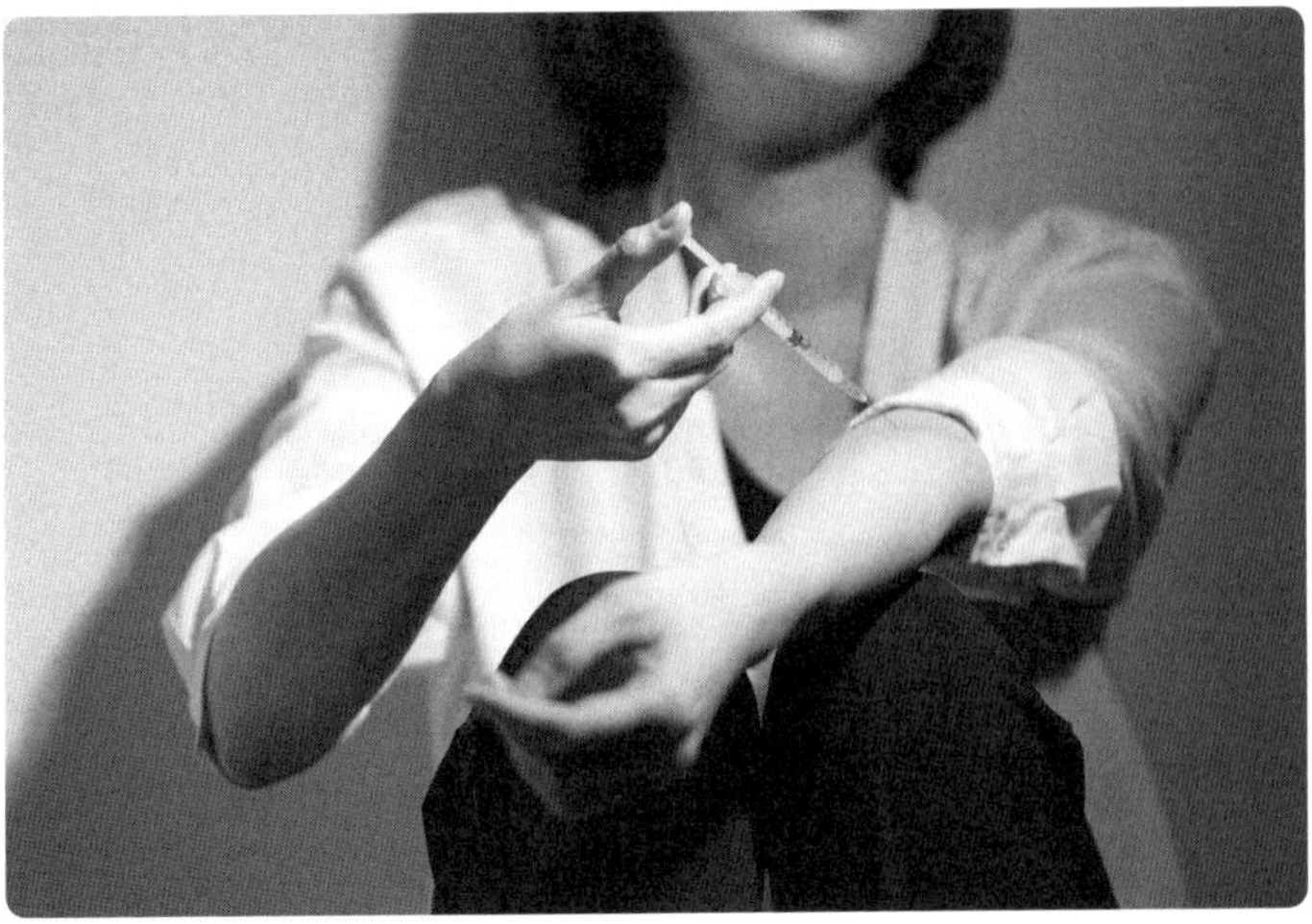

草《そう》と、大麻草《たいまそう》でつくった製品《せいひん》をいう。大麻《たいま》草《そう》の葉を乾燥《かんそう》させた乾燥大麻《かんそうたいま》を「マリファナ」、大麻草《たいまそう》の樹脂《じゅし》や若芽《わかめ》をすりつぶしてかためた大麻樹脂《たいまじゅし》を「ハシシ」、その樹脂《じゅし》から成分を抽出《ちゅうしゅつ》した液体大麻《えきたいたいま》を「ハシシオイル」とよんでいる。

「リラックスできる」「ちょっとだけならだいじょうぶ」などというさそい文句《もんく》にのって大麻《たいま》を使用するのは非常《ひじょう》に危険《きけん》だ。少量でも使っていると、依存症《いぞんしょう》におちいり、やめたくてもやめられなくなってしまう。乱用《らんよう》すると、気分が高揚《こうよう》し、色がよりあざやかに見えるようになったり、ささいなことで笑ったりするようになる。その場の状況《じょうきょう》にそぐわない多幸感をおぼえ、意識《いしき》が混濁《こんだく》して眠《ねむ》りつづけたりもする。さらに依存《いぞん》が進むと、幻覚《げんかく》や妄想《もうそう》にとらわれ、暴力行為《ぼうりょくこうい》をはたらくようにもなる。そして、大麻《たいま》の乱用《らんよう》をつづけると、現実感《げんじつかん》が喪失《そうしつ》し、知的機能《きのう》も低下して、社会生活に適応《てきおう》できなくなってしまうのだ。

さて、そんな危険《きけん》な大麻《たいま》は、世界的にはどういうあつかいになっているのだろうか。

かつて国連麻薬《まやく》委員会では、大麻《たいま》は、「とくに危険《きけん》で医療上《いりょうじょう》の有用性《ゆうようせい》がない薬物のリスト」に入っていた。ところが、二〇二〇年、投票の結果、僅差《きんさ》で大麻《たいま》はそのリストからはずされている。

大麻《たいま》が危険《きけん》な薬物であることにかわりはなく、医療用《いりょうよう》として使いやすくなっただけだという見解《けんかい》もあるが、ヨーロッパやアメリカなどでは、医療用《いりょうよう》の大麻《たいま》だけでなく、嗜好用《しこうよう》の大麻《たいま》の規制緩和《きせいかんわ》や合法化の傾向《けいこう》も見られている。

嗜好用《しこうよう》の大麻《たいま》が合法化されているのは、マルタやカナダ、メキシコ、ウルグアイなどの国だ。

マルタでは、十八歳《さい》以上であれば七グラム以下の大麻《たいま》を持つことができ、自宅《じたく》で大《たい》麻草《まそう》を四株《かぶ》まで栽培《さいばい》できる。ただし、公共の場での使用は禁止《きんし》されている。

カナダでは、二〇一八年に嗜好品《しこうひん》としての大麻《たいま》が合法化されている。十八歳《さい》以上であれば、公共の場で大麻《たいま》を最大三十グラムまで所持してよいことになっている。また、州の認可《にんか》を受けた小売業者から大麻《たいま》を購入《こうにゅう》でき、個人《こじん》使用のために自宅《じたく》で大麻草《たいまそう》を四株《かぶ》まで栽培《さいばい》できるようになった。

そのほか、合法化はしていないが、個人《こじん》使用での少量の所持および使用については

刑罰《けいばつ》を科さない国がある。ドイツ、イギリス、イタリア、スペイン、ポルトガル、オランダなどの国だ。

アメリカでは、連邦《れんぽう》レベルでは違法《いほう》だが、州によって規制《きせい》が異《こと》なっていて、嗜好用《しこうよう》の大麻《たいま》を認《みと》めている州が多くある。

なぜ、合法化や規制緩和《きせいかんわ》が進められているのだろうか。その理由としては、大麻《たいま》を国家が管理することで若年層《じゃくねんそう》の乱用《らんよう》がふせげる、大麻《たいま》の販売《はんばい》による資金《しきん》が犯罪組織《はんざいそしき》にわたらないようにできる、安定的な税収《ぜいしゅう》が見こめる、といったことがいわれている。

しかし、今あげた理由のなかに、いちばん

重要なはずの人体の健康について考えたものはない。

一方、日本をはじめ、アジアのほとんどの国では、以前と同様に厳《きび》しい規制《きせい》がしかれている。シンガポールやベトナム、インドネシアなどでは、大量の大麻《たいま》の密売《みつばい》には死刑《しけい》を科すこともある。

嗜好用《しこうよう》の大麻《たいま》の規制緩和《きせいかんわ》は、弊害《へいがい》も大きいのではないだろうか。大麻《たいま》は依存性《いぞんせい》が高く、常習化《じょうしゅうか》すれば人体に取り返しのつかない害をおよぼすという事実にはなんら変わりはない。一人ひとりの自己責任《じこせきにん》で使用をまかせられるほど安全ではないはずだ。

コカインとコロンビアの貧困《ひんこん》問題

一度でも薬物に手をだしたことのある人は、どれくらいいるだろうか。

二〇一九年に実施《じっし》された全国住民調査《ちょうさ》では、十五歳《さい》から六十四歳《さい》までを対象《たいしょう》にした日本人の薬物の生涯経験率《しょうがいけいけんりつ》は二・三パーセントだ。それにくらべて、欧米《おうべい》先進国の割《わり》合《あい》はもっと高い。フランスは四五・〇パーセント、ドイツは二七・七パーセント、イタリアは三三・三パーセント、カナダは四七・九パーセント、アメリカは四九・二パーセント、オーストラリアは四二・六パーセント（各国の調査年《ちょうさねん》は二〇一五～二〇一八年のいずれか。また調査対象年齢《ちょうさたいしょうねんれい》も若干異《じゃっかんこと》なる）。

日本人の経験率《けいけんりつ》は低いが、人数としてはかなり多く、全国で二百万人以上がなんらかの薬物を一度は経験《けいけん》している。ここで取りあげるコカインの場合、一度でも経験《けいけん》し

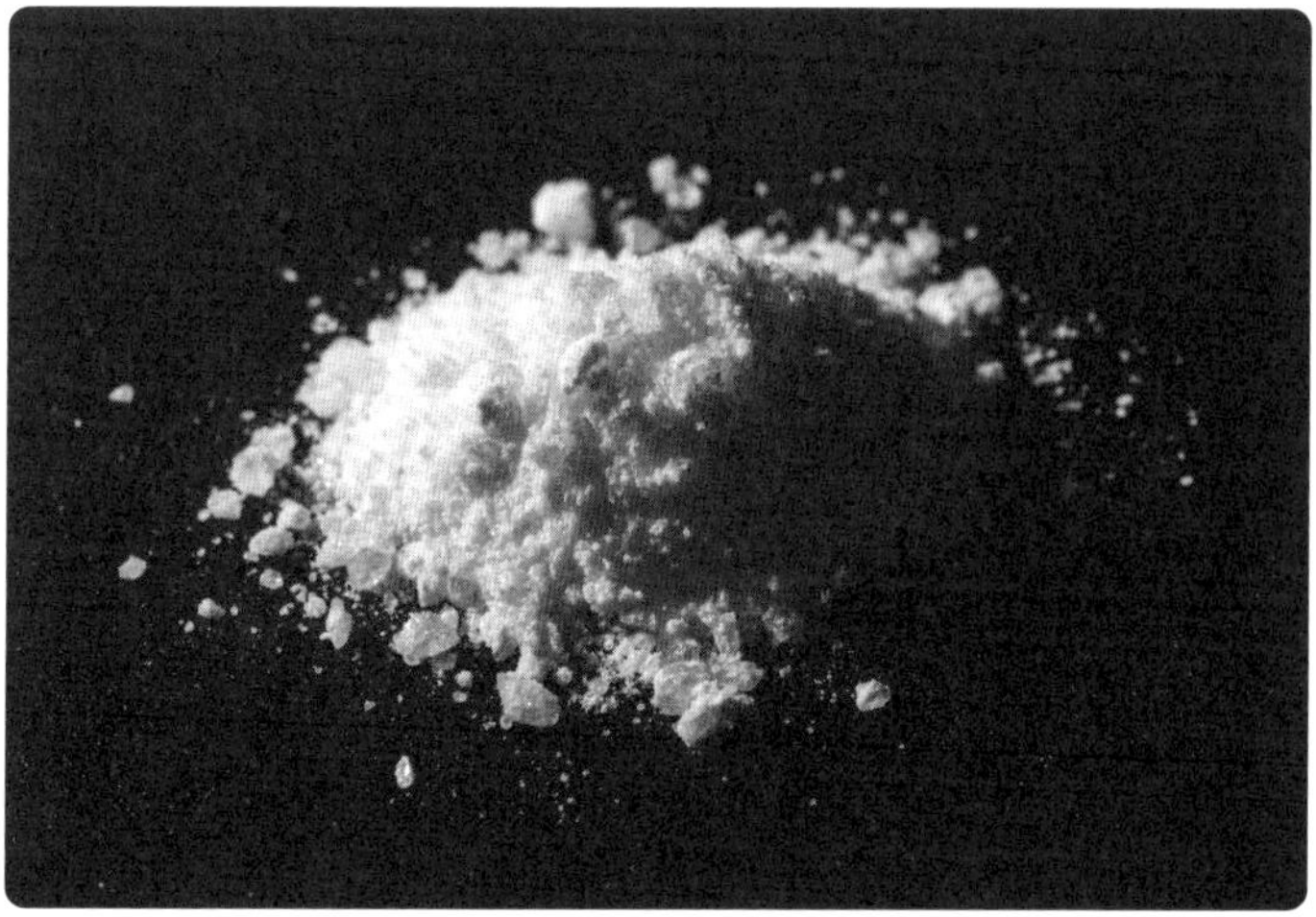

たことのある人は二十数万人いるという。

コカインは、南米原産の「コカノキ（コカの木）」という植物の葉からつくる薬物だ。神経《しんけい》を興奮《こうふん》させる作用があって、使用すると、うっとりした陶酔感《とうすいかん》をおぼえる。そのため、依存性《いぞんせい》がきわめて高い。

コカインは、多くは白い粉末《ふんまつ》の状態《じょうたい》になっている。

さまざまな使い方をするが、はじめて使用したときは、吐《は》き気《け》などの不快感《ふかいかん》をおぼえることがあるという。だが、つぎからは気分が高揚《こうよう》しておしゃべりになり、眠気《ねむけ》や疲労《ひろう》を感じなくなる。体が軽く感じられ、エネルギーに満ちた感覚をおぼえ、ときには走りだすこともある。これらの効果《こうか》は長くても三十分ほどと短いため、依存症《いぞんしょう》になると、一日に何度も使用するようになる。

そのまま乱用《らんよう》をつづけると、幻覚《げんかく》や幻聴《げんちょう》をともなうようになり、皮膚内《ひふない》に小さな虫がはいまわっているような感覚におそわれ、絶《た》えず体中をかきむしりつづけたり、その虫を殺《ころ》そうとして皮膚《ひふ》を針《はり》で刺《さ》したりすることもある。コカインを大量に使用した場合は、予測不能《よそくふのう》な行動をとり、暴力《ぼうりょく》がともなうこともある。また、ショック状態《じょうたい》になり、呼吸筋《こきゅうきん》の麻痺《まひ》や心停止《しんていし》により死亡《しぼう》することもある。

コカの木は、常緑《じょうりょく》低木で、南米最古の栽培《さいばい》植物といわれる。古くは、ペルーの先住民がコカの葉をかんでいた。日常的《にちじょうてき》にかむこともあったし、儀式《ぎしき》に使うこともあったようだ。

十九世紀《せいき》後半になると、コカの葉からコカインを抽出《ちゅうしゅつ》する技術《ぎじゅつ》が確立《かくりつ》される。コカインは、しだいにアメリカやヨーロッパなどに広まっていった。

その後、危険性《きけんせい》が問題視《もんだいし》され、使用が禁止《きんし》されるようになったが、一九七〇年代後

半、コロンビアの巨大麻薬組織《きょだいまやくそしき》、メデジン・カルテルが、アメリカへ密輸《みつゆ》するマイアミルートを確立《かくりつ》。すると、アメリカでコカインが大流行した。

メデジン・カルテルのボスの名はパブロ・エスコバルだ。「麻薬王《まやくおう》」とも「コカインの帝王《ていおう》」などともよばれていた。最盛《さいせい》期《き》には全世界で流通するコカインの八割《わり》にメデジン・カルテルが関与《かんよ》していたという。

パブロは、警察《けいさつ》や政治家《せいじか》をふくむ数多くの人たちを買収《ばいしゅう》し、なびかない者は容赦《ようしゃ》なく暗殺《あんさつ》していった。また、市民を巻《ま》きこんだ無差別テロを起こし、敵対《てきたい》する組織《そしき》をつぶしていった。巨大《きょだい》な麻薬組織《まやくそしき》のボスとして、巨万《きょまん》の富を得《え》たパブロは、コロンビアの国政《こくせい》選挙に出馬して当選したこともあった。

一九八〇年代に入ると、メデジン・カルテルは、メキシコの組織《そしき》と手を組むようになる。マイアミルートのかわりに、メキシコ経由《けいゆ》でアメリカに大量の麻薬《まやく》を送りつづけた。

一九九三年、パブロは、コロンビア国家警察《けいさつ》とのはげしい銃撃戦《じゅうげきせん》の末に亡《な》くなる。その後、メデジン・カルテルは崩壊《ほうかい》した。しかし、生き残ったメンバーなどが麻薬密《まやくみつ》売組織《ばいそしき》として今も各地で活動をつづけている。

コカの木は三十年ほど葉をしげらせる低木だ。栽培《さいばい》は、南米のペルー、ボリビア、コロンビア一帯のアンデス地域《ちいき》でおこなわれている。大量のコカの葉がコロンビアにある工場に運ばれて、コカインが精製《せいせい》される。そして、その大半に麻薬密売組織《まやくみつばいそしき》が関与《かんよ》していて、アメリカなどに密輸《みつゆ》されている。

コロンビア政府《せいふ》は、コカインの生産量をへらすため、コカの栽培地《さいばいち》に除草剤《じょそうざい》を空中

散布《さんぷ》するようになった。また、農民に、コカにかわる作物や生産手段《しゅだん》をあたえるプロジェクトを導入《どうにゅう》した。森林保護《ほご》とコカ栽培《さいばい》の放棄《ほうき》を条件《じょうけん》に、一定期間、生活補助金《ほじょきん》をあたえることにした。しかし、どれもうまくいっていないようだ。それどころか、政《せい》府《ふ》から見すてられていると感じた農民が少なくないという。

二〇二二年の時点で、コロンビアでのコカインの生産量は約千七百トンになり、過《か》去《こ》最高になっていた。コカインの生産量がふえた背景《はいけい》には、コロンビアの貧困《ひんこん》問題がある。貧《まず》しい農家が、自分たちの生活のために、農地をコカの栽培用《さいばいよう》にどんどん切りかえている。ほかの野菜をつくっても、それを売るための市場がない。だが、コカならいつでも需要《じゅよう》がある。二〇一八年の時点では、アメリカでは、約七人に一人の割合《わりあい》でコカインを使用した経験《けいけん》があるという。

コロンビアの貧《まず》しい農家は、生計を立てるためにコカの葉を収穫《しゅうかく》している。そして、皮肉《ひにく》にも、アメリカでは「セレブのドラッグ」などとよばれるほど、高額《こうがく》でコカインが取り引きされている。

世界の薬物問題③

中国産フェンタニルと現代《げんだい》のアヘン戦争

アメリカで、世界最悪の薬物がまん延《えん》している。薬物の過剰摂取《かじょうせっしゅ》による年間の死亡者数《しぼうしゃすう》を調べてみると、二〇〇〇年時点では二万人だったが、二〇二一年では五倍以上の十万七千人に増加《ぞうか》している。おもな原因《げんいん》が、フェンタニルをふくむオピオイド系《けい》の薬物のまん延《えん》だといわれている。全薬物の死者数の約三分の二にあたる七万人が、オピオイド系《けい》の薬物によって亡《な》くなっているのだ。

全米を危機《きき》におとしいれているフェンタニルのまん延《えん》には、メキシコと中国が大きく関係している。フェンタニルとはどういう薬物なのか。メキシコと中国はどう関係

しているのか。くわしく説明する前に、アヘン戦争の話をしておこう。

　アヘン戦争とは、一八四〇年から一八四二年にかけて清《しん》（中国の王朝）とイギリスのあいだでおこなわれた戦争だ。アヘンとは、ケシの実からとった白い乳液状《にゅうえきじょう》の果汁《かじゅう》を乾燥《かんそう》させた粉末《ふんまつ》。人の脳《のう》の神経《しんけい》を抑制《よくせい》する作用があり、陶酔感《とうすいかん》をもたらす。しかし、依存性《いぞんせい》が高く、くりかえし使用していると、アヘンがやめられなくなる。

　イギリスは、清《しん》にアヘンを密売《みつばい》することで、巨額《きょがく》の利益《りえき》を得《え》ていた。清《しん》の人たちのあいだに、キセルでアヘンの煙《けむり》を吸引《きゅういん》する習慣《しゅうかん》が広まるとともに、アヘンの依存者《いぞんしゃ》が急増《きゅうぞう》していた。清《しん》は、アヘンの販売《はんばい》や使用した者を死罪《しざい》にするという厳《きび》しい法律《ほうりつ》をつくって対応《たいおう》しようとしたが、これに反発したイギリスが戦争をしかけ、圧倒的《あっとうてき》な戦力の差で清《しん》に勝利。やぶれた中国は不平等条《じょう》約《やく》を結ばされたのだ。これがアヘン戦争のあらましである。

アヘンは古くから、睡眠薬《すいみんやく》や鎮痛薬《ちんつうやく》として使われていた。それが男性《だんせい》の社交のための嗜好品《しこうひん》として出まわるようになり、アヘン戦争の大きな原因《げんいん》になった。

アヘン戦争より前の一八〇四年、ドイツの薬剤師《やくざいし》がアヘンから有効《ゆうこう》成分を取りだすことに成功している。それがモルヒネだ。モルヒネは、一八六一年に起きたアメリカの南北戦争などで、鎮痛薬《ちんつうやく》としてさかんに使われたが、同時に多くのモルヒネ依存者《いぞんしゃ》を生みだしてしまっていた。

そして、このモルヒネに似《に》たものを人工的につくったものが、ヘロイン、オキシコドン、フェンタニルなどだ。これらは、モルヒネなどの天然の薬もふくめて、オピオイドやオピオイド系《けい》鎮痛薬《ちんつうやく》などとよばれている。

ヘロインはドイツで生まれた。鎮痛効果《ちんつうこうか》はモルヒネの二倍もあり、しかも、モルヒネのような依存者《いぞんしゃ》が出ないというふれこみで販売《はんばい》された。しかし、非常《ひじょう》に危険《きけん》であることが判明《はんめい》し、現在《げんざい》は医療用《いりょうよう》としても使用が禁止《きんし》されている。

フェンタニルも鎮痛薬《ちんつうやく》として使われる薬だ。アメリカでは一九六八年から医療用《いりょうよう》として使われ、がん患者《かんじゃ》などの苦痛《くつう》をやわらげている。そして、今、アメリカを危機《きき》におとしいれているのが、このフェンタニルだ。医療用《いりょうよう》でない違法《いほう》なフェンタニルが大量にアメリカに入りこんでいる。

フェンタニルを使うと、強烈《きょうれつ》な快感《かいかん》や陶酔感《とうすいかん》をおぼえる。その強さは、「麻薬《まやく》の女王」とよばれるヘロインの五十倍とされている。依存性《いぞんせい》が非常《ひじょう》に高いだけでなく、使用をくりかえすたびに頻度《ひんど》がふえ、使う量が増加《ぞうか》し、地獄《じごく》の状況《じょうきょう》から抜《ぬ》けられなくなる。致死量《ちしりょう》はわずか二ミリグラムだ。摂取《せっしゅ》する量によっては、呼吸《こきゅう》が遅《おそ》くなり、昏睡《こんすい》状態《じょうたい》になって死にいたることもある。

冒頭《ぼうとう》でもふれたように、アメリカではフェンタニルの乱用《らんよう》による死者数が増加《ぞうか》しつづけている。二〇二二年には、年間の死者数が十一万人を超《こ》えたという。その異常《いじょう》さは、たとえば、日本で人口十万人規模《きぼ》の都市が、毎年フェンタニルによって全滅《ぜんめつ》しているとイメージしてみるとよいだろう。

アメリカでまん延《えん》するフェンタニルは、おもにメキシコから入ってくる。メキシコ最大の麻薬組織《まやくそしき》が製造《せいぞう》し、アメリカに密輸《みつゆ》しているのだ。そして、フェンタニルの原料となる化学物質《ぶっしつ》を供給《きょうきゅう》しているのが中国なのだ。

中国は、メキシコに原料を送る以前は、国内でフェンタニルを製造《せいぞう》して、アメリカに直接《ちょくせつ》送りこんでいた。アメリカにいる売人が国際郵便《こくさいゆうびん》などを使って中国からフェンタニルを購入《こうにゅう》して売りさばいていたという。

しかし、アメリカが取《と》り締《し》まりを強化したため、中国はメキシコに原料を送りはじめた。アメリカと中国は、さまざまなことで対立していて、二国間に緊張《きんちょう》が高まっている。「中国はアメリカに現代《げんだい》のアヘン戦争をしかけている」と批判《ひはん》する人もいる。

二〇二三年十一月、アメリカのバイデン大統領《だいとうりょう》は、アジア太平洋経済《けいざい》協力

（APEC《エイペック》）の首脳《しゅのう》会議にあわせて、フェンタニルの問題について、中国の習近平《シュウキンペイ》国家主席、メキシコのロペス・オブラドール大統領《だいとうりょう》と会談した。中国からは、フェンタニルの原料を製造《せいぞう》する中国企業《きぎょう》の取《と》り締《し》まりについて合意を得《え》て、メキシコからは、フェンタニルの密輸防止《みつゆぼうし》の取《と》り締《し》まり強化への協力を得《え》た。しかし、この約束がどれほど有効《ゆうこう》かはわからない。

アメリカのペンシルベニア州の都市、フィラデルフィアには、薬物中毒者《ちゅうどくしゃ》が多数集まった地域《ちいき》がある。さまざまな薬物がまん延《えん》し、体の制御《せいぎょ》がきかなくなり、意識《いしき》がうつろになった中毒者《ちゅうどくしゃ》が路上のあちこちにいる。そのようすから、この地域《ちいき》は「ゾンビタウン」などとよばれている。ごみが散乱《さんらん》し、薬物を使うためのストローや注射器《ちゅうしゃき》も、路上のいたるところに落ちている。そして、あまりにも中毒者《ちゅうどくしゃ》が多すぎて、警察《けいさつ》も取《と》り締《し》まれないのだ。

アメリカでは、薬物を簡単《かんたん》に手に入れやすい状況《じょうきょう》にある。日常《にちじょう》に危険《きけん》がひそみ、ほんのちょっとしたことで、人生をふみはずすおそれがある。高校生が薬物で死亡《しぼう》したという話もよく聞かれる。

日本もけっして安全ではない。薬物による検挙者《けんきょしゃ》の数こそへってきてはいるが、犯罪《はんざい》自体が複雑化《ふくざつか》し、巧妙《こうみょう》になっている。また、近年、旧来《きゅうらい》の薬物だけでなく、お香《こう》やハーブ、アロマなどをよそおった、一見しただけではわからない危険《きけん》ドラッグがふえている。さらに、覚醒剤《かくせいざい》や麻薬《まやく》の原料をふくむ市販薬《しはんやく》を薬物のかわりとして大量に摂取《せっしゅ》する事例も多発しているのだ。薬物の闇《やみ》は、わたしたちの生活のすぐ近くにひそんでいる。

おわりに

この本では、あえて世界の闇《やみ》の部分を紹介《しょうかい》してきた。世界には、薬物問題、銃社会《じゅうしゃかい》の問題、テロや紛争《ふんそう》、難民《なんみん》問題、人口問題、食料問題、貧困《ひんこん》問題、プラスチックごみ汚染《おせん》など、解決《かいけつ》の困難《こんなん》な問題がたくさんある。

銃社会《じゅうしゃかい》問題として紹介《しょうかい》したのは、アメリカのコロンバイン高校銃乱射事件《じゅうらんしゃじけん》、ロブ小学校銃乱射事件《じゅうらんしゃじけん》、それに銃《じゅう》の誤射《ごしゃ》による三つの事件《じけん》だ。いずれも、人が武器《ぶき》を持つと、どういう結果をまねくかが考えさせられる。人類には武器《ぶき》をもちいて、多くの人を殺《ころ》してきた歴史《れきし》がある。将来《しょうらい》、その歴史《れきし》をくつがえし、人を殺《ころ》すことをとめることができるのだろうか。

薬物問題として取りあげたのは、大麻《たいま》、コカイン、フェンタニルといった薬物だ。この問題が解決《かいけつ》できない背景《はいけい》には、薬物を利用する人間の欲望《よくぼう》と、それを利用しようとする犯罪組織《はんざいそしき》などの存在《そんざい》がある。

この本で取りあげた問題の解決《かいけつ》がむずかしいのは、どれも人間の欲望《よくぼう》がさまざまな姿《すがた》に変貌《へんぼう》してからみあい、複雑化《ふくざつか》しているからだ。今もまさに、世界のどこかで闇《やみ》の歴史《れきし》がくりかえされている。

しかし、解決困難《かいけつこんなん》なこれらの問題に、勇気を持って対峙《たいじ》しつづける人たちがいることを、わたしたちはわすれてはならない。その戦いは、人間の尊厳《そんげん》をかけた戦いなのだから。

文　　藤田 晋一（ふじた しんいち）

1967年、宮城県生まれ。成城大学卒業後、出版社、編集プロダクション勤務を経てフリーとなり、週刊誌、テレビ、ビデオなどの構成、映画翻訳など幅広いジャンルで活躍する。著書に「こわ〜い都市伝説」シリーズ（PHP研究所）、「怖くてふしぎな都市伝説・迷信大事典」シリーズ、「3分でのぞく 不思議・謎・怪奇」シリーズ（以上、金の星社）などがある。

編集　ワン・ステップ
図版　中原 武士
デザイン　妹尾 浩也
装画　久方 標

5分後に世界のリアル
教科書では教えてくれない世界の闇

初版発行　2024年3月
第2刷発行　2024年9月

文　藤田 晋一
装画　久方 標
発行所　株式会社 金の星社
〒111-0056 東京都台東区小島1-4-3
https://www.kinnohoshi.co.jp
電話 03-3861-1861（代表）　FAX 03-3861-1507
振替 00100-0-64678
印刷・製本　TOPPANクロレ株式会社

160P　18.8cm　NDC380　ISBN978-4-323-06353-9
©Shinichi Fujita, Shirube Hisakata, ONESTEP inc., 2024
Published by KIN-NO-HOSHI SHA,Tokyo,Japan.
乱丁落丁本は、ご面倒ですが、小社販売部宛てにご送付ください。
送料小社負担にてお取り替えいたします。

JCOPY 出版者著作権管理機構 委託出版物

本書の無断複写は著作権法上での例外を除き禁じられています。複写される場合は、そのつど事前に出版者著作権管理機構（電話 03-5244-5088 FAX 03-5244-5089 e-mail: info@jcopy.or.jp）の許諾を得てください。
※本書を代行業者等の第三者に依頼してスキャンやデジタル化することは、たとえ個人や家庭内での利用でも著作権法違反です。